Oliver Arnhold / Stephanie Lerke / Jan Christian Pinsch

Religiöse Feindbilder

Bausteine für die Sekundarstufe II

V&R

Download des digitalen Materials unter:
www.vandenhoeck-ruprecht-verlage.com/religioese-feindbilder
Code für Download-Material:
H7d29RUG

Mit 27 Abbildungen

Bibliografische Information der Deutschen Nationalbibliothek:
Die Deutsche Nationalbibliothek verzeichnet diese Publikation in der Deutschen Nationalbibliografie; detaillierte bibliografische Daten sind im Internet über http://dnb.de abrufbar.

Umschlagabbildung: © geralt/pixabay

Satz: SchwabScantechnik, Göttingen
Druck und Bindung: ⊕ Hubert & Co, Göttingen
Printed in the EU

Vandenhoeck & Ruprecht Verlage | www.vandenhoeck-ruprecht-verlage.com

ISBN 978-3-525-70337-3

Inhalt

Einleitung

»Antisemitismus ist ein Relikt der Vergangenheit.« – Wer glaubt, dass alte Feindbilder in der heutigen pluralen Gesellschaft längst überwunden sind, irrt. In der vom Antisemitismusbeauftragten der Bundesregierung herausgegebenen Publikation »Nationale Strategie gegen Antisemitismus und für jüdisches Leben« wird betont, dass »Antisemitismus nicht nur ein Problem des rechtsextremen Rands der Gesellschaft [ist]. Er zieht sich durch die gesamte europäische Geistes- und Kulturgeschichte und ragt bis weit in die gesellschaftliche Mitte hinein. So werden zum Beispiel antisemitische und antidemokratische Verschwörungserzählungen nicht nur von marginalisierten gesellschaftlichen Gruppen verbreitet, sondern wurden zuletzt im Zusammenhang mit der Coronapandemie auch von bürgerlichen Milieus aufgegriffen.«[1]

Laut einer Befragung des Meinungsforschungsinstituts Allensbach aus dem Jahr 2022 nehmen 73 % der Deutschen Antisemitismus als gesamtgesellschaftliches Problem wahr. So vertraten etwa 23 % der Befragten die Meinung, dass Jüdinnen*Juden zu viel Macht in Wirtschaft und Finanzwesen hätten, 18 % vermuteten einen zu großen jüdischen Einfluss in Politik und Medien und 11 % mutmaßten, dass Jüdinnen*Juden für viele Wirtschaftskrisen verantwortlich seien. »Besonders erschreckend ist«, dass »fast jeder Zweite in Deutschland« die Auffassung vertrat, dass eine NS-Erinnerungskultur in Deutschland nicht mehr »unbedingt notwendig« sei.[2]

Gleichzeitig steigt die Zahl der antisemitisch motivierten Straftaten. 2021 »kam es zu 3.028 Straftaten mit judenfeindlichem Bezug. Dies ist der höchste Wert seit Erfassung der polizeilichen Kriminalstatistik im Jahre 2001«.[3]

Insbesondere in Krisenzeiten, wie während der Coronapandemie oder derzeit bedingt durch den Krieg gegen die Ukraine, treten altbekannte fremdenfeindliche Motive in neuer Form auf: Muslimhass, Rassismus und Rechtspopulismus sind ebenso aktuell und allgegenwärtig wie der Antisemitismus. Auch zahlreiche christliche Akteur*innen befeuern Misstrauen gegenüber dem »Anderen«, wenden sich mitunter gegen interreligiöses Miteinander und lehnen Formen des Zusammenlebens ab, die nicht ihrem Weltbild entsprechen.

Dieses Themenheft begibt sich auf Spurensuche nach alten und neuen Facetten der Ausgrenzung und religiöser Feindbilder. Einerseits macht es deutlich, wie weit verbreitet und komplex die Diskriminierung von Personengruppen ist, andererseits zeigt es auf, dass religiöses »Othering« eine theologische Herausforderung darstellt.

Das Heft ist wie folgt aufgebaut: Im ersten Kapitel wird mit dem von dem Institut für interdisziplinäre Konflikt- und Gewaltforschung der Universität Bielefeld entwickelten Konzept der Gruppenbezogenen Menschenfeindlichkeit (GMF) bekannt gemacht. GMF meint abwertende und ausgrenzende Einstellungen gegenüber Menschen aufgrund ihrer zugewiesenen Zugehörigkeit zu einer sozialen Gruppe. Laut einer Studie aus dem Jahr 2014 ist GMF in Deutschland weit verbreitet. »Nur rund ein Fünftel der Deutschen (21 Prozent) lehnt alle dort erfassten zwölf Elemente« ab, »während 80 Prozent der Befragten« gegenüber »mindestens einem der Elemente Zustimmung« signalisierten.«[4]

In den folgenden Kapiteln werden einzelne Ausformungen der GMF, wie Antisemitismus, Islamfeindlichkeit, Rassismus, Abwertung von Sexualität, Homophobie und Verschwörungserzählungen näher beleuchtet.

Anhand ausgewählter aktueller Beispiele macht das Heft aber nicht nur mit der komplexen Vielfalt von (religiösen) Feindbildern bekannt. Vielmehr soll neben Aufklärung und Bewusstseinsbildung auch das Engagement der Schüler*innen gestärkt werden, menschenfeindlichen Haltungen etwas entgegenzusetzen. Insbesondere das letzte Kapitel »Vielfalt und Toleranz« verfolgt das Ziel, Schüler*innen der Sekundarstufe II gegenüber Ausformungen der GMF argumentations- und handlungsfähig zu machen. Das Themenheft leistet damit einen wichtigen Beitrag zu der im Schulgesetz verankerten Demokratiebildung, indem nicht nur antidemokratische Tendenzen in unserer Gesellschaft aufgezeigt, sondern auch demokratische Haltungen eingeübt werden.

Die Materialien im Heft sind so aufbereitet, dass sie einen schüler*innen-, erfahrungs- und problemorientierten Unterricht ermöglichen. Entsprechend anregende Aufgaben bedienen die drei Anforderungsbereiche: Wissen, Reproduktion – Anwendung und Übertragung von Kenntnissen – Deutung, Wertung, Beurteilung sowie Transfer. Auch digitale Kompetenzen im Sinne des Medienkompetenzrahmens[5], insbesondere im Bereich »Analysieren und Reflektieren«, werden angesteuert.

Weitere Zusatzmaterialien und Hinweise für die Lehrkräfte, auf die in den einzelnen Kapiteln verwiesen wird, sind als Download-Material zu finden (siehe Impressum). Zudem werden Fachbegriffe in gesondert ausgewiesenen Infokästen erläutert. So bietet das angebotene Material vielfältige Möglichkeiten, die in den Kerncurricula der Bundesländer formulierten Kompetenzen für den Religionsunterricht in der Sekundarstufe II anzusteuern.

Wunsch der Autor*innen ist es, dass der Religionsunterricht durch die Auseinandersetzung der Schüler*innen mit dem vorliegenden Material einen wichtigen Beitrag leistet, die jungen Menschen resistent gegen menschenverachtende und antidemokratische Tendenzen in unserer Gesellschaft und in religiösen Kontexten zu machen, und sie zusätzlich motiviert, sich für Freiheit, Demokratie, Menschenrechte und Gerechtigkeit einzusetzen.

Oliver Arnhold, Stephanie Lerke, Jan Christian Pinsch
Dezember 2022

1 Beauftragter der Bundesregierung für jüdisches Leben in Deutschland und den Kampf gegen Antisemitismus (Hg.), Nationale Strategie gegen Antisemitismus und für jüdisches Leben, Berlin 2022, 6 f.

2 Eric Matt, Neue Allensbach-Studie: Antisemitismus in Deutschland weitverbreitet. Der Tagesspiegel vom 10.05.2022, URL: https://www.tagesspiegel.de/politik/antisemitismus-in-deutschland-weitverbreitet-4329835.html. Der letzte Zugriff auf alle Internetquellen erfolgte am 01.12.2022 und wird im Folgenden bei den Internetquellen nicht mehr extra ausgewiesen.

3 Ebd.

4 Beate Küpper/Andreas Zick, Gruppenbezogene Menschenfeindlichkeit, 20.10.2015, URL: https://www.bpb.de/themen/rechtsextremismus/dossier-rechtsextremismus/214192/gruppenbezogene-menschenfeindlichkeit/.

5 Siehe beispielhaft Medienkompetenzrahmen NRW, https://medienkompetenzrahmen.nrw/medienkompetenzrahmennrw/.

Zu den Autor*innen:

Dr. Oliver Arnhold ist Kernseminar- und Fachleiter für Evangelische Religionslehre am Zentrum für schulpraktische Lehrer*innenausbildung in Detmold. Ferner unterrichtet er als Gymnasiallehrer die Fächer Mathematik und Evangelische Religionslehre und lehrt als Dozent für Religionspädagogik und kirchliche Zeitgeschichte an der Universität Paderborn.

Dr. Stephanie Lerke ist wissenschaftliche Mitarbeiterin an der Evangelisch-Theologischen Fakultät am Seminar für Praktische Theologie/Religionspädagogik der Johannes Gutenberg Universität Mainz und Lehrbeauftragte am Institut für Evangelische Theologie der Universität Paderborn.

Jan Christian Pinsch ist wissenschaftlicher Mitarbeiter am Institut für Evangelische Theologie der Universität Paderborn, Lehrbeauftragter am Institut für Evangelische Theologie und Religionspädagogik der Julius-Maximilians-Universität Würzburg und als freier Journalist u. a. für die Lippische Landes-Zeitung und das Pressereferat der Lippischen Landeskirche tätig.

1.1 Alles auf den ersten Blick?

1.1.1 Eine Frage der Perspektive

i

Ein Kippbild bzw. Vexierbild wird von Menschen je nach vertrautem Wahrnehmungsmuster und der eigenen Bildlesart unterschiedlich interpretiert, sodass sich der Inhalt des Bildes oft erst auf den zweiten oder dritten Blick in seiner Mehrdimensionalität offenbart.

1.1.2 Die »Identitätszwiebel«

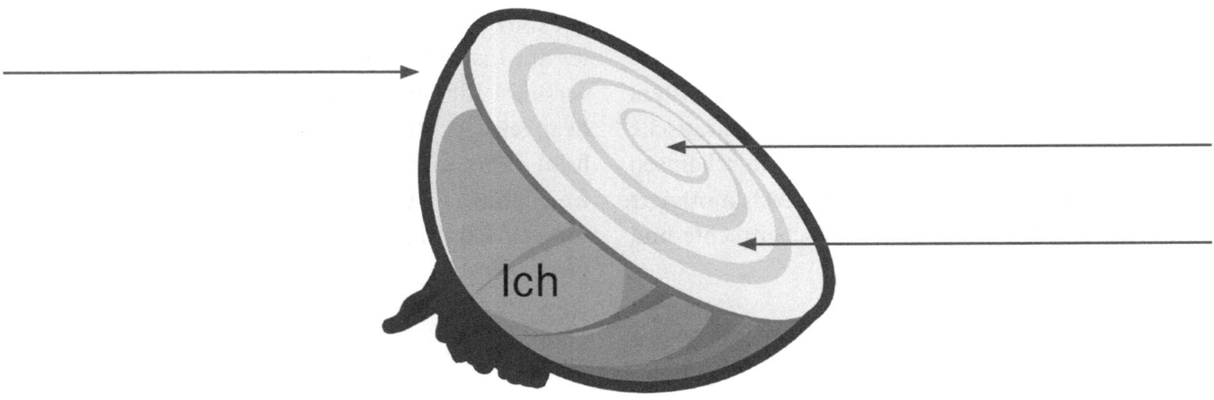

AUFGABEN

1. Die Frage nach der richtigen Perspektive durchzieht den menschlichen Alltag.
   a) Betrachtet das Kippbild. Was ist in dem Bild zu erkennen?
   b) Diskutiert, was die Mehrdeutigkeit eines solchen Kippbildes mit der Wahrnehmung eurer eigenen Umwelt zu tun hat.
2. »Wer bin ich?« lautet die Grundfrage der eigenen Identität. Mache folgende Reflexionsübung:
   a) Sammelt mind. acht Begriffe, die zu eurer eigenen Identität gehören (z. B. Alter, Geschlecht, Religion, Hobby, Familie, Wohnort, …).
   b) Sucht euch drei Begriffe aus eurer Sammlung aus, die für eure Identität am wichtigsten sind. Ordnet diese auf der Zwiebel an: Was ist die Schale (z. B. was nehmen Leute von außen von dir wahr)? Was bildet die mittlere Schicht (z. B. was wissen Leute von dir über dich, die dich besser kennen)? Was ist der innere Kern (z. B. was macht dich persönlich einzigartig/was weiß vielleicht nicht jede*r von dir)?
   c) Wie war es für dich, dich auf diese drei Begriffe festlegen zu müssen? Teilt eure Ergebnisse in eurer Lerngruppe.
   d) Reflektiert, wenn alles, was ihr sagt und tut, auf einen Aspekt eurer Identität (z. B. Geschlecht, Glauben, Herkunft) reduziert wird. Nennt für solche Situationen alltägliche Beispiele.

1.2 Gruppenbezogene Menschenfeindlichkeit (GMF)

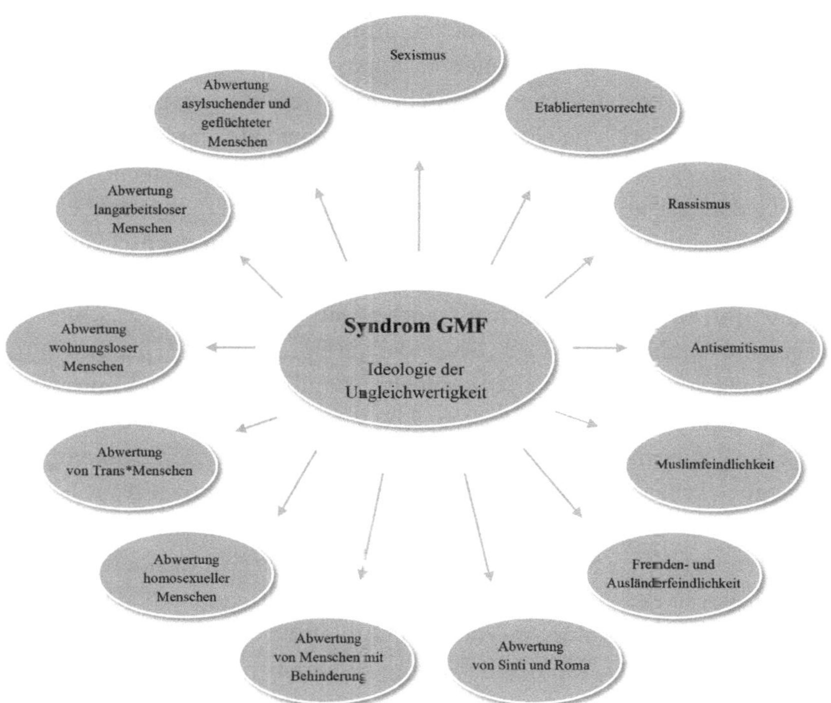

Das Syndrom Gruppenbezogener Menschenfeindlichkeit
Andreas Zick/Beate Küpper/Wilhelm Berghan, Verlorene Mitte – feindselige Zustände. Rechtsextreme Einstellungen in Deutschland 2018/19, hrsg. von Franziska Schröter für die Friedrich-Ebert-Stiftung, Bonn 2019. Dietz Verlag.

Die Obdachlosen, die Juden, die Schwulen – immer dann, wenn Menschen aufgrund eines oft einzigen gemeinsamen Merkmals in Gruppen eingeteilt und diese abgewertet und ausgegrenzt werden, spricht man von Gruppenbezogener Menschenfeindlichkeit. […] Dabei werden tatsächliche oder auch nur vermeintliche Eigenschaften und Verhaltensweisen einiger weniger Personen auf die von allen anderen Menschen, die anhand eines gemeinsamen Merkmals der gleichen sozialen Gruppen zugewiesen werden, übertragen […]. Dabei ist es unerheblich, ob eine Person der zugewiesenen Gruppe tatsächlich angehört bzw. sich mit dieser identifiziert oder nicht, denn es kommt auf die Wahrnehmung und Bewertung derjenigen an, die abwerten. Beispiel hierfür ist die sogenannte »Fremdenfeindlichkeit«, bei der sich besonders gut nachvollziehen lässt, wie die Zuschreibung von »fremd« konstruiert wird und dies immer in Betonung der Unterschiedlichkeit zu einer gleichermaßen konstruierten »eigenen Gruppe« geschieht. Menschen sind nicht an sich »Fremde«, sondern werden in der Wahrnehmung und Bewertung von Merkmalen zu »Fremden« gemacht, indem auf Unterschiede und nicht auf Gemeinsamkeiten geschaut wird. »Fremdenfeindlichkeit« richtet sich gegen Menschen, die u. a. anhand physischer Marker oder ihres Nachnamens als »fremd« und »anders« wahrgenommen und deshalb nicht selten abgewertet und ausgegrenzt werden, ganz unabhängig davon, wo diese Menschen aufgewachsen sind, wie lange diese Menschen bereits in der eigenen kleinen Gemeinde oder in Deutschland leben usw.

Beate Küpper/Andreas Zick, Gruppenbezogene Menschenfeindlichkeit, in: Dossier Rechtsextremismus der Bundeszentrale für politische Bildung vom 20.10.2015, URL: https://www.bpb.de/themen/rechtsextremismus/dossier-rechtsextremismus/214192/gruppenbezogene-menschenfeindlichkeit/.

AUFGABE

Der Text beschreibt, wie am Beispiel der sogenannten Fremdenfeindlichkeit die Gruppenbezogene Menschenfeindlichkeit (GMF) funktioniert. Sucht euch aus der Grafik eine andere GMF-Form aus und beschreibt, welche Vorurteile in diesem Bereich zur Abwertung und Ausgrenzung führen.

1.3 Rechtspopulismus

»Das wahre Volk« gegen alle anderen. Rechtspopulismus als Identitätspolitik

Es heißt häufig, Populisten zeichneten sich dadurch aus, dass sie Eliten oder auch »das Establishment« kritisierten. Auf den ersten Blick scheint diese Einschätzung völlig plausibel. Bei näherem Hinschauen erweist sie sich aber als ein recht merkwürdiger Gedanke: Die Bereitschaft, ein kritisches Auge auf die Mächtigen zu halten (ob nun in der Politik, Wirtschaft, Wissenschaft oder im Kulturbetrieb), gilt gemeinhin als ein Zeichen guten demokratischen Engagements und ist keine Eigenschaft, die Populisten wesentlich von anderen unterscheidet. Es stimmt zwar, dass Populisten, wenn sie in der Opposition sind, immer die Regierungen – in diesem Sinne: »das Establishment« – kritisieren. Sie tun aber auch noch etwas anderes, das weit darüber hinausgeht: Populisten behaupten stets, sie und nur sie verträten das, was bei Populisten in der Regel als das »wahre Volk« oder auch als die schweigende Mehrheit beschrieben wird.

Dieser Alleinvertretungsanspruch ist vor allem moralisch. Aus ihm folgt, dass die Konkurrenten um die Macht als grundsätzlich illegitim abqualifiziert werden müssen. Hier geht es nie nur um unterschiedliche Auffassungen in der Sache oder um unterschiedliche Ansichten über Werte. Vielmehr werden andere Politikerinnen und Politiker als korrupt dargestellt: Sie dienten nicht dem Volk, sondern bereicherten sich, sie verträten Sonderinteressen, seien im Dienste von »Globalisten« und wollten deshalb das Volk in einem Weltstaat auflösen etc. etc.

Weniger offensichtlich ist, dass Populisten dann auch behaupten, all diejenigen im Volke selbst, die ihre letztlich symbolische Konstruktion des vermeintlich »wahren Volkes« nicht teilen (und deswegen die Populisten in der Regel auch nicht politisch unterstützen), gehörten eigentlich gar nicht wirklich zum Volke. […] Es geht bei Populisten also immer um Antipluralismus, und es läuft immer auf einen moralischen Ausschluss anderer hinaus […].

Der moralische Alleinvertretungsanspruch hat seine eigene Logik, die in eine autoritäre Richtung deutet. Dies heißt auch: Der Populismus ist nicht auf seine inhaltlichen Eigenschaften reduzierbar. Wenn jemand sagt, er sei gegen Einwanderung, für die Auflösung der Eurozone und gegen die Oligarchie der Banken, dann lässt sich aus solchen Aussagen nicht sofort schließen, dass es sich hier klar um einen Populisten handeln muss. Gleichzeitig gilt aber: Es gibt keinen Populismus ohne Eigenschaften. Alle Populisten müssen die Trennung zwischen homogenem Volk und homogenen (nämlich durchgängig korrupten) Eliten irgendwie plausibel machen. Und das geht nicht ohne eine Beschreibung des Volkes. Oder anders gesagt: Es geht nicht ohne Identität, die dem »wahren Volke« zugesprochen wird. Das »wahre Volk« und moralisch akzeptable Bürger müssen deutlich genug beschrieben werden, um Differenzen mit den Volksverrätern zu markieren.

Man kann noch weitergehen: Populisten reduzieren im Zweifelsfalle alle politischen Fragen auf Fragen nach Zugehörigkeit. Man versucht nicht, den politischen Gegner mit Argumenten zu widerlegen, sondern bezichtigt ihn der Korruption oder des Verrats. Man akzeptiert keine legitime Opposition (ob nun im Parlament oder bei Demonstrationen auf der Straße), sondern deklariert die Kritiker, in den Worten Donald Trumps, gleich zu »enemies of the people«. Somit betreiben Rechtspopulisten immer auch eine Art Kulturkampf, in dem politische Rede vor allem darin besteht, Individuen und Gruppen Zugehörigkeit zu- beziehungsweise abzusprechen.

Jan-Werner Müller, »Das wahre Volk« gegen alle anderen. Rechtspopulismus als Identitätspolitik, URL: https://www.bpb.de/shop/zeitschriften/apuz/286506/das-wahre-volk-gegen-alle-anderen/.

AUFGABEN

1. Lest den Text von Jan-Werner Müller und fasst zusammen, wie der (Rechts-)Populismus mit Fragen der Gruppenzugehörigkeit Identitätspolitik betreibt.
2. Schaut euch den Tweet von Erika Steinbach an, der unter dem QR-Code auf der Mimikama-Seite verlinkt ist. Beschreibt, inwiefern Mechanismen von GMF und Rechtspopulismus hier zur Anwendung kommen.
3. Arbeitet auf der Mimikama-Seite heraus, was es tatsächlich mit dem Bild auf sich hat und warum dieser Fall ein Paradebeispiel für Fake News bzw. Desinformation im Internet ist.

1.4 (Religiöses) Othering

1.4.1 »Wo kommst du denn her?«

Die kleine Melissa spaziert auf die Bühne und stellt sich der Jury vor. »Du siehst aber hübsch aus«, sagt Dieter Bohlen. Das Mädchen bedankt sich. Jetzt möchte Bohlen wissen, woher Melissa denn kommt. Aus Herne, antwortet sie.

Die Antwort scheint ihm aber nicht zu reichen. »Mama und Papa, wo kommt ihr her, Philippinen oder?«, lautet die nächste Frage. Auch die Eltern kommen aus Herne, antwortet Melissa. Eigentlich müsste es das jetzt gewesen sein, denkt sich die Zuschauerin oder der Zuschauer vor dem Fernseher vielleicht – aber es geht noch weiter.

Dieter Bohlen kann nicht glauben, dass ein Mädchen, das für ihn nicht deutsch aussieht, einfach nur aus Herne kommt. Er fragt also ungelenk weiter: »Kommt ihr irgendwie, wo kommt ihr her, aus welchem Land, gebürtig?« Bohlen klingt bei seiner nächsten Nachfrage fast schon vor Aufregung stotternd. »Ich weiß es nicht«, antwortet Melissa etwas verunsichert und das Publikum kriegt sich vor Lachen nicht mehr ein.

Die beschriebene Szene stammt aus einer Folge der RTL-Castingshow »Das Supertalent« […].

Selma Zoronjić, Nein Dieter Bohlen, du sollst Kinder nicht damit nerven, woher sie »ursprünglich« kommen. Warum eine alte Szene aus dem »Supertalent« gerade wieder für Diskussion sorgt, in: Spiegel Panorama vom 19.02.2019, URL: https://www.spiegel.de/panorama/dieter-bohlen-beim-supertalent-warum-die-frage-woher-jemand-urspruenglich-kommt-nervt-a-779c52bf-63e4-4b2f-906d-2998a2ab883c.

AUFGABE

Lest die im Text beschriebene Szene der RTL-Castingshow »Das Supertalent«. Erörtert, warum Melissa und Dieter Bohlen anscheinend aneinander vorbeireden. Beurteilt dabei auch die Rolle des Publikums.

Das Denkkonzept vom Anderen (Othering)

Es gibt Theorien, dass der Mensch in Binaritäten (Gegensatzpaaren) denkt, d. h. wer nicht normal ist, muss demzufolge anders sein. Diese Unterscheidung in »Wir, die Norm« und »Ihr, die Anderen« spiegelt einen der ersten Schritte wider, die am Ende zu Diskriminierung führen: dem Othering, d. h. man markiert jemanden als »Anders«. Binäre Paare können beispielsweise folgendermaßen aussehen: Wenn die Norm »fleißig, fortschrittlich und hübsch« ist, dann sind »die Anderen« im Umkehrschluss »faul, altmodisch und hässlich«. Schnittmengen gibt es in diesem Denkmodell nicht.

Was passiert also beim Othering?

REDUKTION: Der*Die »Andere« wird auf wenige, vermeintlich typische, Eigenschaften reduziert. Eine Erwartungshaltung entsteht.

TOTALISIERUNG: Diese Eigenschaften werden auf all jene übertragen, die ebenfalls markiert wurden, d. h. alle in dieser Gruppe sind so und können nicht anders sein – ein stereotypes Bild entsteht oder auch eine »Single Story«.

EXOTISIERUNG: Die Eigenschaften dieser Gruppe sind anders und gehören nicht zur Norm, demnach gehören diejenigen nicht hierher. Sie sind Fremde.

Jugendarbeit stärken, Diskriminierung – Um was geht's eigentlich?, URL: https://www.jugendarbeit-staerken.de/anti-rassismus-othering/.

1.4.2 Das Wissen über die Anderen

Im Themenkomplex »Religion« sind Fremdzuschreibungen, stillschweigende Annahmen und Vorbehalte schnell im Raum. Immer wieder kann beobachtet werden, wie das (negative) »Wissen über die Anderen« Gewissheiten, Handlungsstrategien, das Gefühl eigener Handlungsmacht oder die Erlaubnis zur Intervention im Alltag bestimmt und einschränkt. [...]

Religion erweist sich als gut erprobtes und viel genutztes Vehikel für Differenzkonstruktionen und Otheringprozesse: Auf Grundlage der Trennung zwischen »Wir« und »Ihr« werden elementare Differenzen konstruiert, die negativ bewertet und betont werden. »Die Anderen« sind nicht – oder zumindest weniger – emanzipiert, demokratisch, verfassungstreu, tolerant, modern, ... So wird mit Hilfe der Beschreibung jener »Anderen« eine Feststellung über das Selbstverständnis als »Wir« getroffen, welches sich mitunter aus dem Selbst heraus sehr viel schwerer überzeugend fassen lässt. [...] Werden solche Zuschreibungen allmählich unbewusst übernommen, ist das Gegenüber tatsächlich zum vermeintlich »Anderen« geworden oder hat sich dem Bild vom »Anderen« angeglichen.

Besonders im Kontext von Religion bzw. »religiös(en) Anderen« zeigen Alltagsbeobachtungen, dass darüber hinaus Begriffe wie Religion, Kultur, Ethnizität, Migration oder Herkunft synonym, undifferenziert, simplifizierend und essentialisierend Anwendung finden. Am einführenden Beispiel – einer Schülerin mit Kopftuch wird vorgeschlagen, ein Praktikum in einem muslimischen Kindergarten zu absolvieren – wird deutlich, wie das Kopftuch zum einzig bestimmenden Merkmal wird. Reflexhaft werden einzelne Aspekte (wie z. B. ein Kleidungsstück, die Haarfarbe oder eine sprachliche Eigenheit) zu Merkmalen (Frauenbekleidung, »Phänotyp« oder Akzent) und Merkmale zu Identitätsmarkern (gruppen- bzw. identitätskonstituierende Kennzeichen wie Geschlecht, Abstammung oder Idiom) umgedeutet. Aufgrund des als besonders herausgelesenen Merkmals des Gegenübers wird dann das Wissen über die Eigenheiten, Interessen und speziellen Bedürfnisse der zugeordneten Gruppe abgerufen.

Deborah Krieg, Das Wissen über die Anderen. Fremdzuschreibungen im Kontext von Religion, in: Saba-Nur Cheema (Hg.), (K)eine Glaubensfrage. Religiöse Vielfalt im pädagogischen Miteinander, Frankfurt am Main 2017, 15–18. Bildungsstätte Anne Frank e. V.

AUFGABEN

1. Lest den Info-Kasten »Das Denkkonzept vom Anderen (Othering)« und den Text »Das Wissen über die Anderen« von Deborah Krieg und arbeitet heraus, wie (religiöses) Othering funktioniert.
2. Was hat die Szene der RTL-Castingshow »Das Supertalent« mit dem Prinzip des (religiösen) Otherings zu tun?
3. Du hast dir die Sendung angeschaut und dich beschäftigt das Verhalten von Dieter Bohlen und das der Zuschauer*innen. Schreibe eine E-Mail an den Sender und benutze dabei die Argumente aus den beiden Texten.

2.1 Antisemitismus – ein Problem auch an unserer Schule?

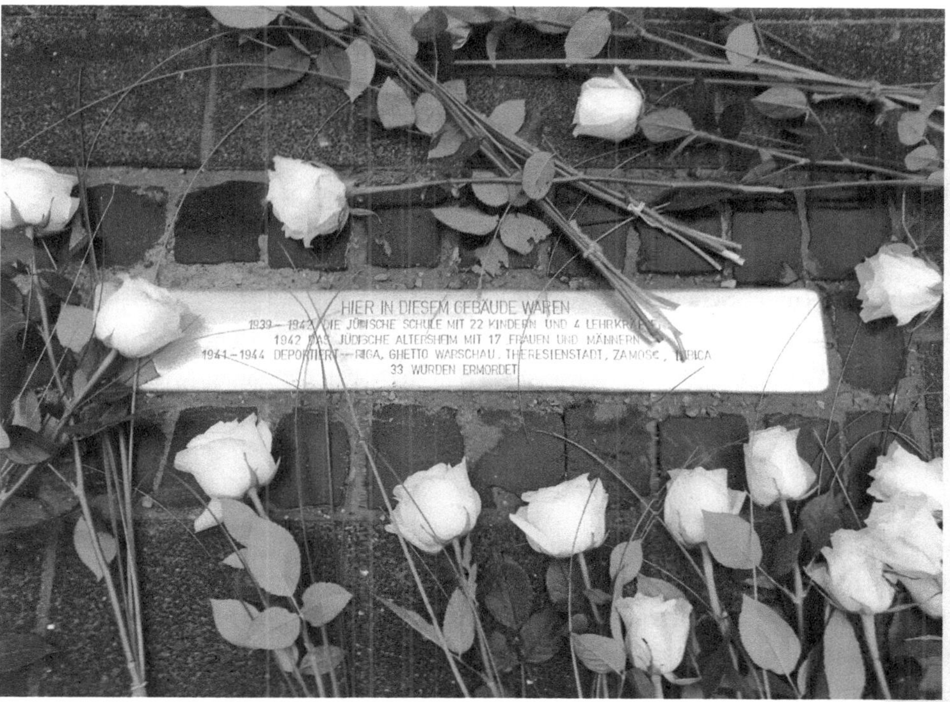

Stolperschwelle in der Detmolder Gartenstraße, die an die Deportationen der Menschen erinnert, die die ehemalige jüdische Schule besucht bzw. dort unterrichtet oder im jüdischen Altenheim gelebt haben. Schüler*innen der Israel-AG des örtlichen Gymnasiums haben die Patenschaft für die Schwelle übernommen und pflegen diese.

© Oliver Arnhold

Burak Yilmaz erinnert sich noch gut an den Tag, an dem er anfing, sich verstärkt mit Antisemitismus zu beschäftigen. Vor zwölf Jahren arbeitete er als junger Pädagoge in einem Duisburger Jugendzentrum. Mehrere Jugendliche kamen zur Tür hinein, machten vor ihm den Hitlergruß und riefen »Heil Hitler«. Es seien muslimische Jugendliche gewesen, erzählt Yilmaz – und sie kamen direkt von einer Anti-Israel Demonstration.

Heute steht Yilmaz im Duisburger Norden vor einer Gruppe von Zehntklässlern und erzählt die Geschichte aus dem Jugendzentrum. Er will aufklären und junge Menschen für das Thema Antisemitismus sensibilisieren. Bei einer historischen Stadtteilführung erzählt er den Jugendlichen, dass hier, in ihrem eigenen Viertel, früher viele Juden lebten. Dann schildert er, wie jüdische Geschäfte und Synagogen brannten, und wie jüdische Menschen von den Nazis ermordet wurden.

Die Schülerinnen und Schüler hören gebannt zu, das Entsetzen steht ihnen ins Gesicht geschrieben. Sie sei schockiert und überrascht, erzählt die 16-jährige Nikola. Ihr Mitschüler Aziz ergänzt: »Ich hatte keine Ahnung, dass in Duisburg so viel passiert ist.« Vom Holocaust hat der 15-Jährige nicht erst durch die Stadtteilführung erfahren. Allerdings war die Judenvernichtung für ihn bislang etwas, das vor allem in anderen Städten, zum Beispiel in Berlin, stattgefunden habe.

Vom Grauen in ihrer eigenen Wohngegend zu erfahren, verändert, wie die Jugendlichen den Holocaust wahrnehmen. Plötzlich ist der Schrecken sehr viel näher. Diese Erfahrung ist Teil des pädagogischen Konzepts von Yilmaz. »Der Holocaust hat nicht in den Konzentrationslagern begonnen, sondern vor der eigenen Haustür«, sagt der Seminarleiter.

[…] Eine Woche nach der Stadtteilführung steht Yilmaz in der Aula der Duisburger Gesamtschule, an der die Schülerinnen und Schüler unterrichtet werden. Er stellt ihnen Fragen zu ihren eigenen Erfahrungen mit Antisemitismus. Die Frage, ob sie das Wort »Jude« schon mal als Schimpfwort gehört hätten, wird von fast allen Schülern bejaht. »In der Schule wird das voll oft gesagt«, sagt Lukas. Ihr selbst sei es schon in der dritten Klasse passiert, erzählt Alaa. Sie habe sich mit einer

Freundin gestritten. Daraufhin habe die Freundin »Du Jüdin« zu ihr gesagt und damit versucht auszudrücken, dass sie jetzt nicht mehr mit ihr befreundet sei. Sie finde es einfach schrecklich, dass Kinder sich so verhielten, sagt Elissa. »Das sind vielleicht kleine Kinder – aber man weiß nicht, wozu das später führen kann.«

Im Verlauf des Seminars streut Yilmaz immer wieder Berichte über antisemitische Vorfälle ein. Er erzählt beispielsweise von den Protesten vor einer Synagoge in Gelsenkirchen im Mai dieses Jahres. Zu dieser Zeit gab es im Nahen Osten erneut Kämpfe zwischen Israelis und Palästinensern. Die Wut der jugendlichen Demonstranten traf aber in Deutschland lebende Juden.

»Die haben vor der Synagoge gerufen ›Scheiß Juden, scheiß Juden‹«, erzählt Yilmaz den Schülerinnen und Schülern. »Und in der Begründung haben sie gesagt: ›Wir wollten Israel kritisieren‹. Also, wenn man Israel kritisiert, dann gehe ich nicht vor eine Synagoge«, stellt der Seminarleiter klar.

Durch solche Schilderungen wird den Jugendlichen im Verlauf des Seminars immer bewusster, was es heißt, als Jude in Deutschland zu leben. Die 15-jährige Kader Hazal ist bedrückt: »Vielleicht sind die Juden sich bis heute noch nicht sicher, ob sie einfach durch die Straßen laufen können, ohne nach hinten schauen zu müssen.«

Aziz sagt, er wolle versuchen zu helfen, dass Juden in Deutschland ihre Identität nicht verstecken müssen. Der Entschluss der Schülerinnen und Schüler steht fest: Sie wollen von jetzt an auch andere Menschen aufklären – und gemeinsam gegen Antisemitismus kämpfen.

David Zajonz, Kampf gegen Antisemitismus an Schulen, in: Tagesschau vom 30.11.2021, URL: https://www.tagesschau.de/inland/mittendrin/mittendrin-antisemitismus-111.html.

AUFGABEN

1. Diskutiert in eurer Lerngruppe: Welche Erfahrungen habt ihr mit Antisemitismus in eurer Schule und eurer Stadt gemacht? Würdet ihr sagen, dass Antisemitismus ein Problem an eurer Schule oder in eurer Stadt ist?
2. Wie beurteilt ihr das Projekt von Burak Yilmaz, mit historischen Stadtführungen und Berichten von antisemitischen Vorfällen im regionalen Umfeld gegen den wachsenden Antisemitismus an Schulen vorzugehen?
3. Was könntet ihr an eurer Schule gegen den wachsenden Antisemitismus in der deutschen Gesellschaft unternehmen? Sammelt Ideen und schätzt ein, wie realistisch die Realisierung dieser Ideen wäre und welche Handlungsschritte dazu nötig wären.
4. Recherchiert, welche Idee der Kölner Künstler Gunter Demnig mit den von ihm erdachten Stolpersteinen/Stolperschwellen (siehe Foto) verfolgt. Bringt in Erfahrung, wie viele Stolpersteine seit dem Beginn des Projekts im Jahr 1992 inzwischen verlegt wurden und in welchen Ländern diese zu finden sind. Gibt es auch Stolpersteine in eurer Stadt oder Region?
5. Das Stolpersteinprojekt hat von vielen Seiten, auch von jüdischer, viel Zustimmung erfahren, aber es gibt auch Kritik: Eine der schärfsten Kritiker*innen ist Charlotte Knobloch, die ehemalige Präsidentin des Zentralrats der Juden in Deutschland. Sie meint, dass das Andenken an die verfolgten und ermordeten Menschen damit »sprichwörtlich mit Füßen getreten« werde. Erörtert die Aussage von Charlotte Knobloch, indem ihr Pro- und Contra-Argumente für bzw. gegen das Stopersteinprojekt zusammentragt, und bezieht dann selbst Stellung dazu.

2.2 Basischeck: Antisemitismus

AUFGABE

Bewertet bitte die folgenden Aussagen mit:
(A) = die Aussage hat einen antisemitischen Charakter
(F) = die Aussage ist falsch, allerdings nicht direkt antisemitisch
(R) = richtige und nichtantisemitische Aussage

NR.	AUSSAGE	BEWERTUNG
1	»Hinter der Finanzkrise und dem Weltfinanzkapital stehen meist Juden.«	
2	»Es geht immer nur um Juden. Für die Diskriminierung anderer Minderheiten interessiert sich niemand.«	
3	»Bei der Politik, die Israel macht, kann ich gut verstehen, dass man etwas gegen Juden hat.«	
4	»Natürlich stimmt es, dass Juden oft reich sind.«	
5	»Israel ist ein jüdischer und demokratischer Staat.«	
6	»Es ist so eine Bereicherung, euch [Juden] wieder in Deutschland zu haben.«	
7	»Jüdisches Leben stellt eine Bereicherung für die Gesellschaft dar.«	
8	»Wir sind die dritte Generation, haben mit dem Holocaust nichts zu tun, aber man reibt es uns immer noch unter die Nase. Ich muss mich immer schuldig fühlen und kann nicht wie die Amerikaner den normalen, gesunden Nationalstolz haben. Es soll langsam schon ein Schlussstrich unter die Geschichte gezogen werden.«	
9	»Die Erinnerung und das Gedenken an die Opfer des Nationalsozialismus sollte für deutsche Politik und in der ›Kultur‹ selbstverständlich sein.«	
10	»Massentierhaltung ist Holocaust auf dem Teller.«	

Julia Bernstein, Antisemitismus an Schulen in Deutschland.
Befunde – Analysen – Handlungsoptionen, Bonn 2021, 77–81. Beltz Juventa.

2.3 Welche Erscheinungsformen von Antisemitismus gibt es?

File:Freudental judenfriedhof geschändet 1.jpg, https://commons.wikimedia.org/w/index.php?title=File:Freudental_judenfriedhof_gesch%C3%A4ndet_1.jpg&oldid=457949805 (last visited Februar 1, 2023).

Antisemitismus bezeichnet ausschließlich Judenhass. Hierbei geht es um die Feindschaft gegen Juden als Juden. Es handelt sich dabei um eine Ablehnung, Herabwürdigung oder Verfolgung. Derartige Auffassungen können auf Einzelne oder Gruppen, aber eben auch auf den Staat Israel bezogen sein. Antisemitismus gibt es seit der Antike (antike Judenfeindschaft). Der Begriff »Antisemitismus« wurde erst 1879 geprägt, um eine vermeintlich wissenschaftliche und rassistisch begründete Ablehnung von Juden zu begründen.

Will man den gegenwärtigen Antisemitismus in seinen verschiedenen Ausprägungen verstehen, muss man kurz auf die Geschichte der Judenfeindschaft zurückblicken, in der ein negatives Bild des Juden geprägt wurde. Dieses Bild besitzt mehrere Schichten, wobei die älteren Vorurteilsschichten in der nächsten Phase nicht »vergessen«, sondern nur von neuen überlagert und dabei umgebildet und an die neue Situation angepasst wurden (z. B. aus dem mittelalterlichen Wucherer wurde der neuzeitliche Finanzkapitalist).

Alte Formen: Antijudaismus, mittelalterliche Stereotype, moderner Antisemitismus

Die früheste Schicht bildet die religiöse Feindschaft des Christentums gegenüber dem Judentum (zur Unterscheidung vom modernen Antisemitismus spricht man oft von Antijudaismus). Die Herabsetzung von Volk und Glauben der Juden wurde früh ein integraler Bestandteil der christlichen Lehre und zum religiösen Vorurteil mit folgenden Elementen: Die Juden galten als blind und verstockt, weil sie Jesus nicht als Messias anerkennen wollen; man erhob den Vorwurf des Christusmordes und der Christenfeindlichkeit und behauptete ihre Verwerfung durch Gott. Außerdem kamen in der christlichen Bevölkerung die Befürchtungen hinzu, Juden würden als »Feinde Christi« die Hostien durchbohren, um damit den Leib Jesu erneut zu verletzen (Vorwurf des Hostienfrevels) und sie würden Blut von Christen zu rituellen Zwecken benötigen, weshalb sie Christenknaben rauben oder kaufen würden, um sie dann zu ermorden (Ritualmord-Legende). Diese Bedrohungsängste, zu denen – etwa zur Zeit der Pest in der Mitte des 14. Jahrhunderts – auch die Angst vor Brunnenvergiftungen gehörte, machten die Juden zu einer dämonisierten Minderheit, die sich angeblich gegen die Christen verschworen hatte.

Seit dem Mittelalter hatte die christliche Gesellschaft eine besondere Berufsstruktur der Juden erzwungen. Juden wurden aus den Zünften, von Grundbesitz und vom Staatsdienst ausgeschlossen. Schließlich u. a. auf den Finanz- und Handelssektor (Geldleihe) spezialisiert, führte dieser Umstand zu einer zweiten Schicht: die wirtschaftlich begründete Judenfeindschaft, in der die Juden als Wucherer, Betrüger, später als ausbeuterische Kapitalisten und Spekulanten gebrandmarkt wurden. Damit eng verbunden ist die Vorstellung, die Juden bildeten eine mächtige verschworene Gruppe, die mit ihrem Geld weltweit das Geschehen bestimmt. Hierher gehört das Stereotyp des »Drahtziehers«, der Glaube an eine jüdische Weltverschwörung. Dies verband sich seit der Französischen Revolution 1789 und noch einmal verstärkt durch die Russischen Revolution von 1917 mit der Vorstellung, dass sich auch hinter politischen Umwälzungen wie Revolutionen und Kriegen jüdische Interessen verbergen.

Einen neuen Gedanken führten Rassentheorien und der damit verbundene Sozialdarwinismus ein, die die Theorie vom »Überleben der Tauglichsten« (»survival of the fittest«) auf die menschliche Gesellschaft übertrugen und zum »Kampf ums Dasein« zwischen »höheren« und »niederen« Rassen umdeuteten. Seit den 1880er Jahren wurde so die vorher religiös oder wirtschaftlich begründete »Judenfrage« zur »Rassenfrage« erklärt. Demnach stünden die »Arier« der minderwertigen »Mischlingsrasse« der Juden in einem historischen Endkampf gegenüber, in dem es nur Sieg oder Vernichtung geben könne. Rassische Homogenität wurde zum höchsten Wert gegenüber einem »Rassen- und Völkerchaos« erhoben, das angeblich den Interessen der Juden entgegenkäme.

Rassistische Vorstellungen prägten auch das Körperbild der Juden: vom schwachen, unsoldatischen (Stereotyp des »Drückebergers«), hässlichen, gebückten und hakennasigen Juden, zum anderen die Fantasien vom sexuell bedrohlichen Juden.

Neue Formen: der rechtsextreme, der linke, sekundäre oder israelbezogene Antisemitismus

Alle diese Dimensionen des antijüdischen Vorurteils sind bis in die Gegenwart mehr oder weniger wirksam geblieben und finden sich heute in aktualisierter Form wieder.

Der Begriff »sekundärer Antisemitismus« bezieht sich auf eine Spielart des Antisemitismus, die sich nach der Shoa entwickelt hat. Sie bezeichnet den Versuch, eine Auseinandersetzung mit den Folgen des Holocaust mit Mitteln des Antisemitismus zu verhindern. Dabei geschieht häufig eine Täter-Opfer-Umkehr, indem beispielsweise behauptet wird, dass Juden die Shoa zu ihrem eigenen Vorteil ausnutzen würden. Oftmals ist diese antisemitische Erscheinungsform mit einer Relativierung der NS-Verbrechen und der Forderung nach einem »Schlussstrich« verbunden.

Wandmalerei aus dem 14. Jhd., Katharinenkapelle Landau. File:Landau 066.jpg, https://commons.wikimedia.org/w/index.php?title=File:Landau_066.jpg&oldid=455894499 (last visited February 1, 2023).

Eine weitere Erscheinungsform des Antisemitismus stellt der »israelbezogene Antisemitismus« dar. Dabei werden geläufige antisemitische Stereotype auf den Staat Israel übertragen, der als jüdisches Kollektiv angesehen und entsprechend dämonisiert wird. Häufig dient dabei der Nahostkonflikt als Projektionsfläche, um das angeblich »Jüdische« als Ursache für die politischen Probleme darzustellen. In diesem Zusammenhang ist zu beachten, dass Kritik an der israelischen Politik nicht automatisch antisemitisch ist, sie wird es erst, wenn die 3-D-Regel (nach Natan Sharanksy) greift: »Dämonisierung«, »Doppelstandards« und »Delegitimierung«.

Antisemitismus in der Mitte der Gesellschaft und bei »Querdenkern«

Empirische Umfragen, wie die Studie des Expertenkreises Antisemitismus im Auftrag des Bundesinnenministeriums, haben gezeigt, dass antiisraelische Einstellungen in der Bevölkerung weite Verbreitung finden und sich oft mit antisemitischen Ressentiments verbinden. Abgesehen von überzeugten Nationalsozialisten bekennt sich allerdings niemand mehr offen zum Antisemitismus. Festzustellen, ob eine Aussage oder eine Tat antisemitisch ist, bedarf deshalb in den meisten Fällen der Interpretation.

Das gilt auch für die neueste Erscheinungsform des Antisemitismus, die sich bei den sogenannten Querdenker-Demonstrationen während der Coronavirus-Pandemie finden ließ. Zahlreiche auf solchen Demonstrationen vertretene Verschwörungserzählungen beinhalten klassische antisemitische Bilder und Stereotype. Beispielsweise knüpfen manche Querdenker, die in der Impfkampagne gegen das Coronavirus eine geheime Verschwörung zur Schädigung der Volksgesundheit vermuten, an die antisemitische Legende der Brunnenvergiftung an.

Philosemitismus

Demgegenüber wird als Philosemitismus eine Haltung nicht-jüdischer Personen bezeichnet, die eine Zuneigung zum Judentum ausdrückt und Menschen jüdischen Glaubens in ihrer Eigenschaft als Jude oder Jüdin besonders positive Eigenschaften zuspricht. Dabei ist Vorsicht geboten: Philosemitismus orientiert sich nah an der Ideologie des Rassismus und wertet eine bestimmte Gruppe auf und andere Gruppen und Personen somit auch ab. Zudem wurde der Begriff Ende des 19. Jh. von Antisemiten erfunden und als Vorwurf zur »Judenfreundlichkeit« verwendet.

Eine Äußerung ist antisemitisch, weil mit ihr Jüdinnen und Juden beleidigt, geschmäht, bedroht bzw. angegriffen werden. Eine Beleidigung, Schmähung, Bedrohung oder ein Angriff ergeben sich aus der

Karikatur auf der Titelseite der Zeitschrift »La Libre Parole« (dt. das freie Wort), 1893

Wahrnehmung und dem Gefühl der Empfängerinnen und Empfänger, nicht aus der Absicht des Absenders. Wenn es auch nicht der Intention entspricht, führt eine nicht durchdachte Sprache, die einen antisemitischen Charakter hat, dazu, dass sich Jüdinnen und Juden weiterhin angegriffen, ausgegrenzt und diskriminiert fühlen.

Text auf Grundlage von: Werner Bergmann, Was heißt Antisemitismus?, URL: https://www.bpb.de/politik/extremismus/antisemitismus/37945/was-heisst-antisemitismus. Julia Bernstein, Antisemitismus an Schulen in Deutschland. Befunde – Analysen – Handlungsoptionen (Online-Materialien), 31 ff. Beltz Juventa. Philipp Lenhard, Antisemitismus in Deutschland nach 1945, URL: https://www.bpb.de/shop/zeitschriften/izpb/juedisches-leben-348/juedisches-leben-348/341628/antisemitismus-in-deutschland-nach-1945/. Multikulturelles Forum, Philosemitismus, URL: https://www.multikulti-forum.de/de/glossarbeitrag/philosemitismus.

AUFGABEN

1. Definiert den Begriff »Antisemitismus« in einem Satz.
2. Erläutert den Unterschied zwischen Antijudaismus und modernem Antisemitismus. Bezieht dabei auch die Bilder in Kapitel 2.3 mit ein.
3. Erläutert den Begriff »sekundärer Antisemitismus«.
4. Kontrolliert die Aussagen aus dem Basischeck. Welche Erscheinungsformen von Antisemitismus liegen vor?

2.4 Soll die Wittenberger »Judensau« entfernt werden?

Im Streit um das »Judensau«-Relief an der Stadtkirche Wittenberg in Sachsen-Anhalt hat ein Kläger nach seiner Niederlage am Bundesgerichtshof (BGH) wie angekündigt Verfassungsbeschwerde eingelegt. […] Das Relief sei »in Ansehung der damit verbundenen schweren Persönlichkeitsrechtsverletzung nicht nur des Beschwerdeführers, sondern jedes Juden in Deutschland zu entfernen«. […] Die Wittenberger Stadtkirche gilt als Mutterkirche der Reformation, weil dort einst Martin Luther predigte.

Das Relief zeigt eine Sau, an deren Zitzen zwei Menschen saugen, die durch Spitzhüte als Juden identifiziert werden sollen. Eine dem BGH zufolge als Rabbiner geltende Figur hebt den Schwanz des Tieres und blickt in den After. Schweine gelten im jüdischen Glauben als unrein. Der Kläger will gerichtlich erstreiten, dass das antijüdische Sandsteinrelief aus dem 13. Jahrhundert entfernt wird. Der BGH hatte im Juni jedoch entschieden, dass eine Bodenplatte und ein Aufsteller mit erläuterndem Text ausreichten, um aus dem »Schandmal« ein »Mahnmal« zu machen. Es könne bleiben […].

Zeit online, Kläger legt Verfassungsbeschwerde gegen »Judensau«-Relief ein, URL: https://www.zeit.de/politik/deutschland/2022-07/witteberg-stadtkirche-judensau-relief-bundesverfassungsgericht.

File:Judensau in Wittenberg.jpg, https://commons.wikimedia.org/w/index.php?title=File:Judensau_in_Wittenberg.jpg&oldid=726399123 (last visited February 1, 2023).

Die »Judensau« darf bleiben: Der Bundesgerichtshof hat im vergangenen Monat entschieden, dass die antijüdische Schmähskulptur an der Stadtkirche Wittenberg nicht entfernt werden muss. In dem Urteil heißt es, sie sei »zwar beleidigend, doch die Gemeinde habe sich ausreichend distanziert.«

Aber geht das überhaupt? Ausreichende Distanzierung von einem in Stein gemeißelten Relief aus dem 13. Jahrhundert, das bis heute Menschen jüdischen Glaubens beleidigt, sie als »Saujuden« darstellt und bisher nur mit einer leicht zu übersehenden, theologisch überholten Gedenkplatte aus den 1980er Jahren sowie einer nebenstehenden Infotafel versehen ist? Und das ausgerechnet an der Kirche, die als Wiege der Reformation gilt, wo auch Martin Luther predigte? Im Jahr 2022 kommt hier noch immer der Antisemitismus zum Ausdruck, den auch Luther in Schriften wie »Von den Juden und ihren Lügen« oder »Vom Schem Hamphoras und vom Geschlecht Christi«, die direkt Bezug auf die Skulptur nimmt, verbreitete. Der Judenhass war jahrhundertelang Teil der lutherischen Verkündigung, sodass sich auch die evangelische Kirche »an der physischen Auslöschung des jüdischen Volkes schuldig gemacht« (Rheinischer Synodalbeschluss von 1980) hat […].

Hochrangige Protestant*innen hatten sich schon länger für eine Abnahme der »Judensau« ausgesprochen, darunter die ehemalige Präses der Synode der Evangelischen Kirche in Deutschland, Irmgard Schwaetzer, und Friedrich Kramer, Landesbischof der Evangelischen Kirche in Mitteldeutschland, der feststellte: »Eine Beleidigung bleibt eine Beleidigung, ob man sie kommentiert oder nicht.«

In Wittenberg, wo die dunkle Seite des Reformators nicht unbedingt das Lieblingsthema darstellt, ist auch die Diskussion um das Relief vielen ein Dorn im Auge. Die evangelische Stadtkirchengemeinde in Wittenberg argumentiert, die »Judensau« müsse bleiben, denn sie sei »ein Stachel im Fleisch der christlichen Geschichte. Sie halte die Erinnerung an den mittelalterlichen Antijudaismus aufrecht. […] Man sei kein Freund der Cancel Culture.« […]

Niklas Ottenbach vom Deutschlandfunk hat die Art und Weise, wie die Debatte geführt wird und vor allem die Gemeinde argumentiert, scharf kritisiert: »Das kann man so sehen, wenn es einem nur um sich selbst geht. Im Grunde genommen ist das Belassen der »Judensau« an der Wittenberger Stadtkirchenfassade eine sehr selbstbezogene Geschichtsbetrachtung, die zwar die eigenen Untaten thematisiert wissen will, aber die Wirkung auf die, die damit beleidigten werden, ausblendet.« Nach derselben Argumentation hätte man, so Ottenbach weiter, ja auch Adolf-Hitler-Plätze nach dem Krieg nicht umbenennen müssen – aber so funktioniere es nicht: »Geschichte entwickelt sich weiter, deshalb darf sich auch das Stadtbild weiterentwickeln.«

Stephanie Lerke/Jan Christian Pinsch, In Stein gemeißelter Antisemitismus, URL: https://blogs.uni-paderborn.de/zekkblog/2022/07/15/in-stein-gemeisselter-antisemitismus/.

AUFGABEN

1. Informiert euch beispielsweise über folgende Internetseite (QR-Code) über Luthers Einstellung zu den Juden und ordnet diese in den historischen Kontext ein.
2. Sammelt in Gruppen Pro- und Contra-Argumente für das Entfernen der Skulptur an der Wittenberger Stadtkirche. Spielt in einem Rollenspiel eine Gemeindeversammlung der Wittenberger Stadtkirchengemeinde, in der ihr Argumente austauscht und am Ende zu einer Entscheidung kommt, was mit der Skulptur geschehen soll.

2.5 Masel Tov Cocktail

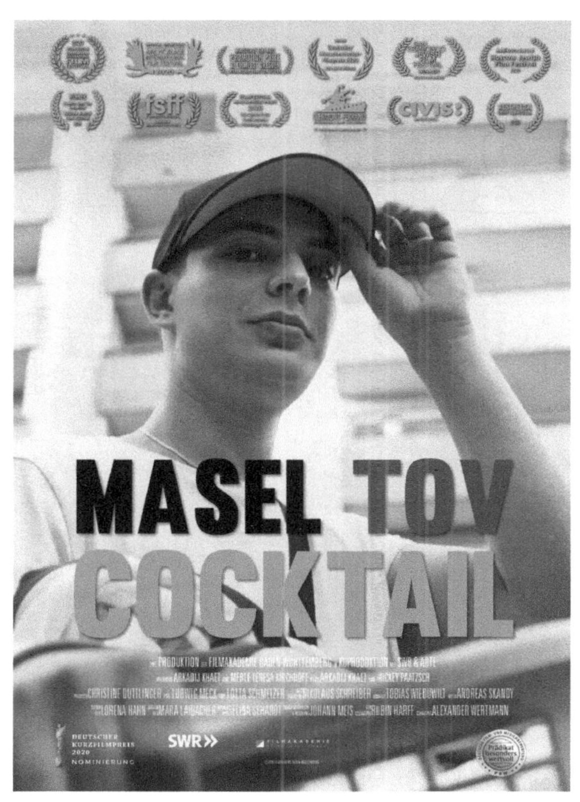

© Filmakademie Baden-Württemberg, SWR, Arte

Dimitrij Liebermann, der Sohn russischer Einwanderer und Schüler an einem Gymnasium, ist Jude. Freunde und Mitschüler nennen ihn nur kurz »Dima«. […] Als ihn sein Mitschüler Tobi auf der Schultoilette mit seiner Beschneidung provoziert und ihm erklärt, dass man Juden wie ihn früher vergast hätte, während er den Sterbevorgang mit vollem körperlichem Einsatz imitiert, schlägt Dima ihn mitten ins Gesicht, der daraufhin zu Boden fällt und sich die Nase bricht. Er wird für eine Woche von der Schule verwiesen.

Dimitrij tut sein Ausraster nicht wirklich leid. Als sein Vater von dem Schulverweis erfährt, streicht er die Teilnahme seines Sohnes an der Abifahrt. Der Rektor von Dimas Schule will zudem, dass er mit Blumen zu Tobi geht, um sich zu entschuldigen.

Medienportal der Evangelischen und Katholischen Medienzentralen, Masel Tov Cocktail, URL: https://medienzentralen.de/medium46174/Masel-Tov-Cocktail.

AUFGABEN

1. Diskutiert unterschiedliche Optionen, wie Dima auf das Ansinnen des Rektors reagieren könnte, indem ihr zunächst unterschiedliche Handlungsmöglichkeiten überlegt und dann Pro- bzw. Kontraargumente für bzw. gegen diese auflistet.
2. Schaut euch den Film »Masel Tov Cocktail« an. Wie beurteilt ihr die tatsächliche Handlungsweise Dimas?
3. Welchen Ausprägungen von Antisemitismus begegnet Dima in dem Film? Ordnet diese den unterschiedlichen Erscheinungsformen von Antisemitismus (Antijudaismus, rechtsextremer, linker, sekundärer oder israelbezogener Antisemitismus) oder des Philosemitismus zu.
4. Welche Statistiken fließen in den Film mit ein und welche Schlüsse lassen sich daraus ziehen?
5. Versuche das Gefühl zu beschreiben, wie es sich für Dima anfühlt, in Deutschland jüdisch zu sein. Versetze dich dazu in Dima und schreibe einen entsprechenden Blog.
6. Welche Antwort gibt der Film auf die Frage, was passiert, wenn man sich der jüdischen Kultur nur über die Assoziation des Holocaust nähert?

HINWEISE FÜR DIE LEHRKRAFT:
Der Film ist über das Medienportal der Evangelischen und Katholischen Medienzentralen (QR-Code 1) ausleihbar. Ein Begleitheft zum Film des Medieninstituts der Länder ist über den QR-Code 2 herunterladbar.

2.6 Mehr als zwei Seiten

Der Comic »Mehr als 2 Seiten« ist das Ergebnis einer Arbeit von Lehrer*innen und Schüler*innen der Gemeinschaftsschule auf dem Campus Rütli im Berliner Ortsteil Neukölln, die im Sommer 2019 an einer Projektfahrt nach Israel und in die palästinensischen Gebiete teilgenommen haben. Dieser verarbeitet Erinnerungen, Schauplätze und Gespräche auf dieser Reise. In dem Comic begeben sich die beiden Jugendlichen Heba und Narges aus Neukölln auf eine Reise nach Israel. Sie besuchen eine Schule in Tel Aviv, den Tempelberg in Jerusalem, Bethlehem in den palästinensischen Gebieten, ein arabisches Dorf in Israel und die Gedenkstätte Yad Vashem.

© Campus Bildung im Quadrat gGmbH/Pädagogische Werkstatt/Illustration: Mathis Eckelmann

AUFGABEN

1. Informiert euch beispielsweise über das Erklärvideo »Nahostkonflikt einfach erklärt« (QR-Code 2) oder die Internetseite der Landeszentrale für politische Bildung in Baden-Württemberg (QR-Code 3) über die Geschichte Israels und den Nahostkonflikt.
2. Der Zusammenhang zwischen dem Nahostkonflikt und dem Antisemitismus wird in einem Video der Bundeszentrale für politische Bildung (QR-Code 4) erläutert. Haltet dazu wichtige Aspekte aus dem Video stichpunktartig fest.
3. In Kapitel 5 »Erinnern« des Comics (S. 46–53) könnt ihr nachlesen, was Heba und Narges in der Gedenkstätte Yad Vashem in Jerusalem erleben. Auf der Internetseite (QR-Code 5) der Gedenkstätte erhaltet ihr wichtige Infos über Yad Vashem. Fasst diese stichpunktartig zusammen.
4. Bearbeitet arbeitsteilig die Aufgaben auf der Seite 53 des Comics.

» TIPP:

Der Comic kann kostenlos im Internet (QR-Code 1) heruntergeladen werden.

2.7 Selfies auf dem Holocaustmahnmal? – Das Projekt »Yolocaust«

2.7.1 Das Projekt »Yolocaust«

Auf der Website YOLOCAUST (QR-Code) präsentierte der Satiriker Shahak Shapira Fotos, auf die der Autor und Satiriker im Netz gestoßen ist: Zu sehen sind junge Menschen, die das Leben richtig genießen. #Yolo lautet das Motto – you only live once = »Man lebt nur einmal«. Doch es gibt ein entscheidendes Detail: Die Bilder entstanden beim Berliner Mahnmal für die ermordeten Juden Europas. Und solch demonstrativ gute Laune an einem Ort, der dem Gedächtnis an die Opfer der Schoah gewidmet ist, hält Shapira für heikel. Wer mit dem Mauszeiger über die Bilder fährt, sieht daher, wie sich das Bild wandelt: Mit einem Mal feiern die Selfie-Fotografen ihre gute Laune – unfreiwillig – vor dem Hintergrund historischer Aufnahmen aus den Konzentrationslagern der Nazis.

Deutschlandfunk Kultur, Selfies am Holocaust-Mahnmal – angemessenes Verhalten?, URL: https://www.deutschlandfunkkultur.de/yolocaust-von-shahak-shapira-selfies-am-holocaust-mahnmal-100.html.

2.7.2 Interview mit Shahak Shapira

In einem Interview mit der Onlinezeitschrift »Jetzt« erläuterte Shapira das Projekt: Yolocaust«:

Wie kamst du auf die Idee für das Projekt »Yolocaust«?

Ich beobachte seit Jahren dieses Phänomen, dass Menschen das Holocaust-Denkmal als Hintergrund für Profilbilder in den sozialen Medien oder bei Flirt-Apps benutzen. Ich finde es okay, wenn man Fotos dort macht. Aber manche Bilder sind einfach krass: Da gibt es zum Beispiel bei einem Bild die Bildunterschrift: »Springen auf toten Juden.«

Was möchtest du mit dem Projekt erreichen?

Ich will den Leuten nicht sagen, was sie machen dürfen und was nicht. Das muss jeder selbst entscheiden. Ich will sie aber zum Nachdenken bringen. Die Bilder zeigen, wie schnell Erinnerung in Vergessenheit geraten kann. Viele sehen das Mahnmal leider immer mehr als Lifestyle-Foto-Objekt und weniger als Stätte der Erinnerungskultur.

File:Holocaust-Mahnmal Berlin 2006.jpg, https://commons.wikimedia.org/w/index.php?title=File:Holocaust-Mahnmal_Berlin_2006.jpg&oldid=723008236 (last visited February 9, 2023).

Findest du es nicht etwas drastisch, die Bilder aus den Konzentrationslagern auf eine solche Art und Weise zu zeigen?

Ist es nicht drastischer, bei einem Mahnmal Bälle zu jonglieren? Solche Leute müssen vielleicht einfach drastisch wachgerüttelt werden. Es wäre nicht so schlimm, wenn Leute normale Selfies gemacht hätten. Aber die Posen, die sie auf den Bildern machen, sind unangemessen. Der Schockfaktor bei den Bildern entsteht eben genau aus den unangemessenen Posen. Mein Projekt soll keine Anschuldigung sein. Man weiß ja auch nicht genau, wofür die grauen Steine stehen, da es abstrakte Kunst ist. Die häufigste Theorie ist aber, dass sie Grabsteine symbolisieren sollen. Würdest du Yoga auf einem Friedhof machen?

Nein.

Siehst du. Ich auch nicht.

Eva Fritsch, »Björn Höcke soll sich das mal anschauen«, Jetzt vom 18.01.2017, URL: https://www.jetzt.de/shahak-shapira/interview-mit-satiriker-shahak-shapira-ueber-yolocaust.

2.7.3 Kommentar von Chajm Guski

Chajm Guski, der als Kommentator unter anderem für die »Jüdische Allgemeine« schreibt, äußerte sich auf seinem Blog zu »Yolocaust« wie folgt:

Berlin erinnert im Herzen der Stadt an die ermordeten Juden Europas. Mit einem eindrucksvollen Mahnmal. Dieses Mahnmal, die Gedenkstätte, ist jedoch kein Friedhof und kein »heiliger« Ort.

Mit-Initiatorin Lea Rosh wollte dort zwar den Zahn eines Schoah-Opfers beisetzen (den sie mit sich herumtrug), das hat sie jedoch dann nicht getan. Es ist ein Ort an dem die Leute herausfinden müssen, wie sie mit dem Thema und dem »Gedenken« umgehen. In dieser Funktion ist das Mahnmal ein Touristenmagnet geworden. Nicht alle Besucher erfassen dementsprechend, worum es dort geht und benehmen sich dort genau so, wie an allen anderen Orten eines Ausflugs: Die Orte werden zur Kulisse für Selfies. Mal in nachdenklicher Pose, mal »cool« posierend, mal leicht angezogen. Im Sommer legen sich Menschen auch schon mal auf die niedrigeren Steine. Selfies landen oft auf instagram oder bei facebook. Kein smartes Benehmen. Darüber herrscht Einigkeit – vermutlich.

Shahak Shapira scheint die Respektlosigkeit auch nicht besonders zu passen. Verständlich. In seinem Projekt Yolocaust greift er den unsmarten Umgang auf und hinterlegt die Selfies mit Bildern von Opfern der Schoah. Plötzlich stehen die Poser auf einem Leichenberg. Man sieht Bilder der Opfer.

Das Mahnmal steht aber nicht auf dem Geländer eines Konzentrationslagers. Es ist kein »historischer« Ort.

Warum muss man die Bilder von Opfern für einen solchen Zweck verwenden? Das Projekt ist, laut Shapira, als »drastische« Satire angelegt. Man verwendet also die Bilder von Opfern der Schoah für Satire?

Aber was genau ist daran so treffend und so wachrüttelnd, dass das Projekt #yolocaust gerade viral geht?

Es ist günstig für diejenigen, die es teilen. Man kann irgendwie zeigen, dass man die Schoah doof findet, muss sich dafür aber nicht zu weit aus dem Fenster lehnen.

Man muss sich nicht umständlich darum kümmern, dass sich jemand für diejenigen einsetzt, die als Zwangsarbeiter für die Nazis arbeiten mussten (»Ghettorenten«). Das sind die Renten, bei denen solange mit der Auszahlung gewartet wurde, bis die meisten Empfänger verstorben sind.

Man muss sich nicht darum kümmern, dass in Freiburg die letzten Reste einer Synagoge abgerissen werden.

Man kann die Demonstration gegen Antisemitismus der jüdischen Community überlassen. Das stört sonst niemanden. Beispiele gibt es genug.

Chajm Guski, Yolocaust, Chajms Sicht vom 18.01.2017, URL: http://www.sprachkasse.de/blog/2017/01/18/yolocaust/.

AUFGABE

Schreibt einen eigenen Blog, in dem ihr eure Einschätzung zu dem Projekt »Yolocaust« beschreibt und bei dem ihr auch auf die Kritikpunkte von Chajm Guski eingeht.

3.1 Islamophobie: »Business as usual. Der Prophet fliegt mit«

© Dennis Gies

Das Telefonat der Business-Frau beim Boarding terminiert das Filmgeschehen auf den 10. Jahrestag der Terroranschläge vom 11. September 2001 [...]; ein Ereignis, das mit dem Kürzel »Nine-Eleven« oder 9/11 in die Umgangssprache eingegangen ist.

An diesem Tag brachten mehrere vom Terror-Netzwerk Al Qaida beauftragte Attentäter in einem von dessen Anführer Osama bin Laden geplanten und unterstützten Terrorakt vier vollbesetzte Passagierflugzeuge in ihre Gewalt und lenkten zwei davon in die Türme des World Trade Centers in New York, eine in das amerikanische Verteidigungsministerium Pentagon in Washington. Die vierte Maschine sollte vermutlich das Weiße Haus oder Parlamentsgebäude Kapitol in Washington treffen, zerschellte aber wegen des Eingreifens von Passagieren in der Nähe von Pittsburgh. Bei den Anschlägen starben mehr als 5.000 Menschen: Passagiere und Besatzungsmitglieder der Flugzeuge, Personen in den Gebäuden und herbeigerufene Feuerwehrleute, Polizisten und Sanitäter.

Im Film betritt am zehnten Jahrestag des Terrorangriffs ein bärtiger Mann mit Turnschuhen, Trenchcoat, muslimischer Gebetskette und einem deutlich schweren Aktenkoffer nervös ein Flugzeug. Seine Nervosität steigert sich, als ein anderer Passagier und schließlich eine wohl prominente Dame ihm seinen Platz zum Mittelgang streitig machen wollen. Die Stewardess versucht vergeblich, den Konflikt zu entschärfen [...] Handelt es sich bei dem seltsamen Passagier etwa um einen Terroristen, der nervös auf einen Anruf zum Zünden einer Bombe wartet?

Katholisches Filmwerk, Business as usual. Der Prophet fliegt mit. Arbeitshilfe von Manfred Karsch, 2015, URL: http://www.materialserver.filmwerk.de/arbeitshilfen/AH_business_a4.pdf.

AUFGABEN

1. Beschreibt die Karikatur und interpretiert sie anschließend. Welches gesellschaftliche Vorurteil wird hier vermittelt?
2. Schaut euch den Film bis Minute 3:43 an und stellt euch vor, ihr wärt selbst Passagiere in diesem Flugzeug und hättet das Geschehen mitverfolgt. Notiert, welche Gedanken euch durch den Kopf gegangen wären und wie ihr gehandelt hättet.
3. Professor Karim Fereidooni, der an der Universität in Bochum das Thema »Rassismus« in unserer Gesellschaft wissenschaftlich untersucht, betont die Wichtigkeit, sich mit den eigenen, auch unbewussten Denkmustern zu beschäftigen und dadurch »rassismussensibel« zu werden. Hilfreich sei es, sich folgende Fragen zu stellen: *Was hat Rassismus mit meinem eigenen Leben zu tun? Wie hat Rassismus mein eigenes Leben beeinflusst und wie kann ich mich gegen Rassismus positionieren?* Beantwortet diese Fragen auch in Hinblick auf eure Überlegungen in Aufgabe 2.
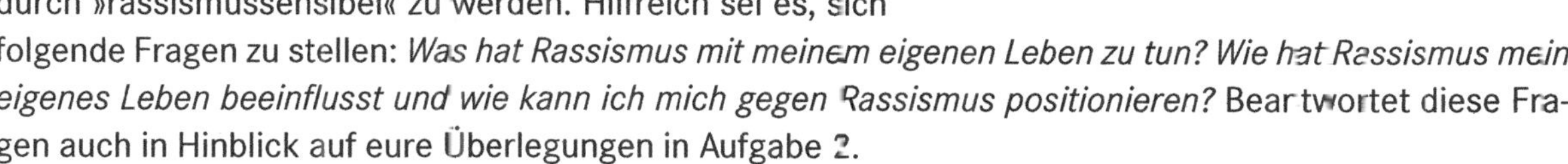
4. Was unterscheidet »Islamophobie« von »Islamfeindlichkeit«? Beantwortet diese Frage beispielsweise mithilfe der Website, die ihr mit dem QR-Code abrufen könnt.

3.2 Islam ist nicht gleich Islamismus

Leider werden bis heute die Begriffe »Islam« und »Islamismus« verwechselt. Wer gläubig ist und der Religion des Islam angehört, wird mit den Begriffen Muslim oder Muslima bezeichnet. Der Begriff Islamist beschreibt ausschließlich Menschen, die den Islam extremistisch interpretieren, ihn für die einzig richtige Religion halten, andere Religionen oder Lesarten des Islam abwerten und ihn als einziges Gesetz zur Regelung des gesellschaftlichen und politischen Lebens anerkennen. Islamistischer Extremismus oder Islamismus ist ein Sammelbegriff für politische Ideologien, die den Islam als Grundlage einer gesellschaftlich-politischen Ordnung verstehen. Einfacher erklärt bedeutet das, dass Islamisten denken, nur ihre Weltsicht sollte in einem Staat erlaubt sein. Sie bedienen sich zwar der Sprache des Islam, sehen ihn jedoch nicht mehr als individuellen Glauben.

Woran erkennt man islamistische Ideologien?

Es gibt zwei einfache Punkte, wie man islamistische Ideologien erkennen kann:

- Sie erheben Anspruch auf die Alleingültigkeit des Islam. Nur er sei der richtige Glaube, er müsse auf alle Lebensbereiche angewendet werden.
- Sie erheben den Anspruch, selbst die einzig richtige Lesart des Islam zu vertreten. Der Islam wird von verschiedenen Gläubigen unterschiedlich interpretiert. Ein Islamist lässt andere Ausprägungen des Islam nicht zu.

Mit dem Rückgriff auf ein strikt dichotomes [zweiteiliges], anti-pluralistisches Weltbild führt diese Sichtweise zur Abwertung anderer Überzeugungen und Lebensweisen.

Welche islamistischen Strömungen gibt es?

Deutsche Sicherheitsbehörden unterscheiden zwischen drei islamistischen Spektren, deren Grenzen fließend verlaufen.

1. Politisch-legalistisch: In Deutschland machen Aktivisten des politisch-legalistischen Spektrums, die sich meist auf nationalstaatlicher Ebene um die Erlangung politischen Einflusses bemühen, den größten Anteil islamistischer Strömungen aus.

2. Missionarisch: Der missionarische Islamismus, zu dem zum Beispiel auch eine große Strömung des Salafismus zu zählen ist, ist das zweite große Spektrum. Anhänger dieses Spektrums möchten Identität stiften, also ein islamistisches Gemeinschaftsgefühl erzeugen, und die Bewegung durch öffentliche Auftritte vergrößern. [...] Salafismus beziehungsweise der arabische Begriff »Salafiyya« bezieht sich auf den Ausdruck »salaf as-salih«, was mit »die frommen Altvorderen« übersetzt werden kann. Gemeint sind damit die ersten drei Generationen der Muslime nach dem Propheten Mohammed. Die angenommenen damaligen Gesellschafts- und Religionsvorstellungen sind der Bezugspunkt für das Selbstverständnis des Salafismus. Dabei sehen dessen Anhänger und Protagonisten in dieser Frühphase des Islam ein »goldenes Zeitalter« für ihre Religion, geprägt durch eine authentische islamische Lebensführung. Der Salafismus hat den Anspruch, den Islam durch den unmittelbaren und ausschließlichen Bezug zu den religiösen Hauptquellen zu erneuern und von vermeintlich korrumpierenden, fremden Einflüssen zu befreien. [...] So bietet der Salafismus Jugendlichen mit festen Regeln und Rollenbildern ein eindeutiges Weltbild und einen klaren Orientierungsrahmen.

3. Dschihadistisch/terroristisch: Das geringste Personenpotenzial, also den geringsten Anteil am islamistischen Spektrum, haben dschihadistische beziehungsweise terroristische Gruppierungen. Sie nutzen und befürworten die Gewalt als Mittel, um islamische Gesetze einzuführen und durchzusetzen. [...] Dschihadismus ist eine Fremdbezeichnung, unter anderem der Sicherheitsbehörden, die das Phänomen des militanten und terroristischen Islamismus begrifflich zu erfassen versucht. Der dschihadistische islamistische Extremismus unterscheidet sich von anderen islamistischen Strömungen dadurch, dass dessen Anhänger den bewaffneten Kampf, verstanden als »gottgewollte Anstrengung« (Dschihad), grundsätzlich befürworten. Sie sehen ihn als legitimes Mittel, um ihre Ziele gegen alle anderen Gesellschaftsformen durchzusetzen, die mit ihrer Vorstellung vom Islam in Konflikt stehen.

Landeszentrale für politische Bildung Baden-Württemberg, Art. Islamismus und islamistischer Extremismus, URL: https://www.demokratie-bw.de/islamismus#c58272.

AUFGABE

Entwerft zu dem Text eine Mind- oder Concept-Map, die die darin gegebenen Informationen grafisch veranschaulicht.

3.3 Antimuslimischer Rassismus

Antimuslimische Ressentiments sind ein weitverbreitetes Phänomen – nicht nur in Deutschland, sondern in allen europäischen Gesellschaften. […] Rund 60 % der Deutschen stimmen beispielsweise der Vorstellung zu, der Islam passe nicht in die westliche Welt […], und 38 % finden, wer ein Kopftuch trägt, könne nicht deutsch sein […].

Um die Ablehnung und Abwertung von Muslim_innen, die Stereotypisierungen, denen sie diskursiv unterworfen sind, ihre gesellschaftliche Ausgrenzung und strukturelle Diskriminierung adäquat erfassen zu können, bedarf es einer Rückbindung der Analyse an Raum und Zeit. Es gilt deshalb zu unterscheiden zwischen historischen Feindbildern in Bezug auf den Islam […] und aktuellen antimuslimischen Haltungen, die mit der relativ neuen muslimischen Präsenz in (West-)Europa als Folge von Migrationsprozessen zusammenhängen.

Die historischen Feindbilder haben ihren Ursprung in der christlich-mittelalterlichen Wahrnehmung des Islams als eine Religion des Schwertes und der Vorstellung, dass der Prophet Mohammed ein Lügner und Betrüger sein müsse, wie jeder, der nach Jesus Christus mit abweichenden Heilsbotschaften auftritt. In der europäischen Kolonialzeit hat die Wahrnehmung des Islams als die eines starken militärischen Gegners einen Wandel erfahren hin zu Fantasien über einen unterlegenen und rückständigen Orient, den der Westen zivilisieren müsse. Diese historischen Traditionslinien haben ihre Spuren im kollektiven kulturellen Gedächtnis hinterlassen und spielen auch bei der Herausbildung aktueller Stereotype eine Rolle.

Für die Untersuchung antimuslimischer Diskurse der Gegenwart ist zu berücksichtigen, dass Muslim_innen in Westeuropa eine Minderheit formen, die sich überwiegend aus Migrant_innen sowie ihren Nachfahren zusammensetzt. […]

Die Rassismusforschung stimmt weitgehend darin überein, dass mit der steigenden Tabuisierung des »Rasse«-Begriffs in Europa infolge der nationalsozialistischen Verbrechen seine soziale Wirkmächtigkeit nicht nachgelassen hat, sondern sein ideologischer Gehalt mittels anderer Begriffe und Codierungen weitertransportiert wird. […] Dennoch sieht sich, wer von antimuslimischem Rassismus spricht und damit die Diskriminierung von Muslim_innen als Muslim_innen konzeptionell als Rassismus begreift, mit dem Einwand konfrontiert, dass religiöse Identität frei wählbar und damit – anders als die »Hautfarbe« – veränderlich sei. […] Es ist in diesem Zusammenhang […] wichtig, einen genaueren Blick darauf zu werfen, wer von antimuslimischem Rassismus betroffen ist.

Der Anthropologe Juanid Rana hat zum Beispiel darauf aufmerksam gemacht, dass bei Praktiken des Racial-Profilings im Zuge der Bekämpfung des Terrorismus versucht wird zu definieren, wie ein Muslim aussieht […] Dieser Logik zufolge wird die muslimische Identität – und das ist ein entscheidender Faktor – zu einem Merkmal, das man einem Menschen aufgrund seines äußeren Erscheinungsbildes ablesen kann, und zwar unabhängig davon, ob die Person sich selbst mit dem islamischen Glauben identifiziert oder nicht. Die Diskriminierung von Menschen, die als Muslim_innen markiert sind, ist also nicht unbedingt daran gebunden, ob diese Personen den Islam praktizieren. Es sind vielmehr spezifische Merkmale, die zum Stigma werden können – darunter religiöse Kleidung, wie das Kopftuch, aber auch ein bestimmtes Aussehen oder der Name.

Yasemin Shooman, Antimuslimischer Rassismus – Ursachen und Erscheinungsformen, Düsseldorf 2016 URL: https://www.vielfalt-mediathek.de/material/antimuslimischer-rassismus/antimuslimischer-rassismus-ursachen-und-erscheinungsformen.

AUFGABEN

1. Was unterscheidet nach Shooman antimuslimischen Rassismus von historischer Feindschaft gegenüber dem Islam?
2. Karim Fereidooni (vgl. Kap. 3.1, Aufgabe 2) nennt folgende Stereotype, die häufig über Muslime verbreitet werden:
   a) Muslimische Männer unterdrücken ihre Frauen und berauben sie ihrer Rechte.
   b) Muslime sind äußerst gewaltbereit.
   c) Muslime bilden gezielt in Deutschland eine Parallelgesellschaft.
   Welche dieser Stereotype sind euch schon einmal begegnet und was würdet ihr gegen sie einwenden?

3.4 »Der Islam gehört nicht zu Europa!«

Immer fremder im eigenen Land. Islamisierung unserer deutschen Heimat. (Buchtitel von Eberhart Klein 2018)

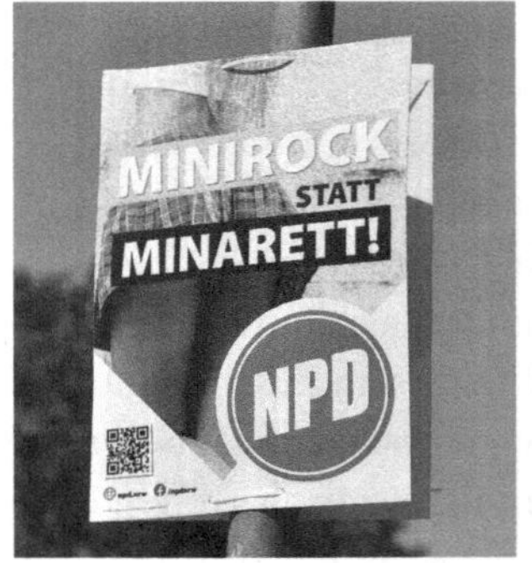

© picture alliance/dpa/ Revierfoto | Revierfoto

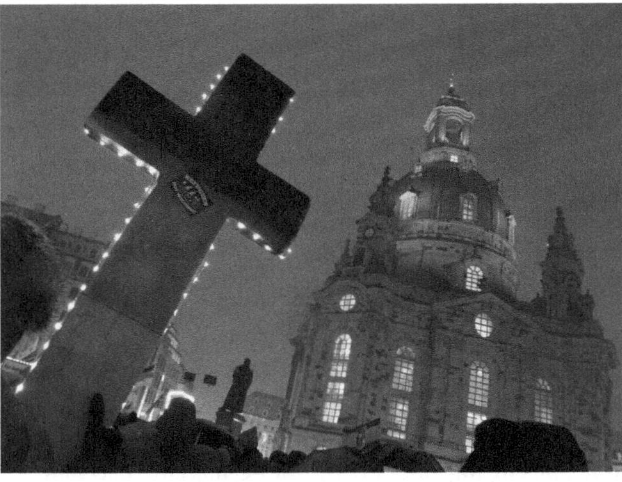

© picture alliance/dpa | Arno Burgi

Jesus hat im Gleichnis vom barmherzigen Samariter von einem gesprochen, der unter die Räuber gefallen war. Er hat definitiv nicht davon gesprochen, dass wir unser Land von einfallenden räuberischen Horden ausplündern lassen müssten. (Pastor Jakob Tscharntke 2017)

In der Ausbreitung des Islam und der Präsenz von über 5 Millionen Muslimen, deren Zahl ständig wächst, sieht die AfD eine große Gefahr für unseren Staat, unsere Gesellschaft und unsere Weltordnung. (AfD-Programm zur Bundestagswahl 2017)

» Vgl. dazu auch das Infomaterial zu Rechtspopulismus im Download-Material.

AUFGABEN

1. Betrachtet das Bild und die Zitate. Was fällt euch auf? Wie wird der Islam dargestellt? Wie würdet ihr auf diese Aussagen antworten?
2. Schaut Euch das Projekt »Keine Moschee in meiner Stadt« von der »Arbeitsgemeinschaft Weltanschauungsfragen« (QR-Code) an. Welche Gefühle löst diese Internetseite bei euch aus? Sammelt Argumente für und gegen ein Verbot einer solchen Website.

»Keine Moschee in meiner Stadt«

AfD, Wahlprogramm der Alternative für Deutschland für die Wahl zum Deutschen Bundestag am 24.09.2017. Beschlossen auf dem Bundesparteitag in Köln am 22./23.04.2017, Berlin 2017, 45 | Eberhart Klein, Immer fremder im eigenen Land. Islamisierung unserer deutschen Heimat, URL: https://keinemoschee.de/buchempfehlung-immer-fremder-im-eigenen-land-islamisierung-unserer-deutschen-heimat/ | Jakob Tscharntke, Einordnung der Zuwanderung aus biblischer Sicht, Lage 2015, 13. Lichtzeichen Verlag.

3.5 »Hasstiraden eines Pastors«

»Das gemeinsame Feindbild Islam schweißt heute Evangelikale, Rechtskatholiken, orthodoxe Christen und extreme Nationalisten zusammen. Sie alle pflegen das Mantra, der Islam gehöre nicht zu Europa.«

Daniel Bax, Hauptsache, es geht gegen den Islam. Über die Rückkehr des Abendlandes, in: INDES. Zeitschrift für Politik und Gesellschaft, Göttingen 2017, 84.

In seiner Sonntagpredigt legte Pastor Olaf Latzel 2015 die Bibelstelle Richter 6,25–32, Gideons Eifer vor Gott, für seine ev. St.-Martini-Gemeinde in Bremen aus. Latzel zitierte das erste Gebot: »Du sollst keine anderen Götter haben neben mir.« Wir Christen dürften nur an diesen einen Gott glauben, »und wehe – das sagt die Bibel – wenn neben diesem Einen andere Götter und Götzen gestellt werden«:

Hans-Gerd Martens, »Es ist uns unerträglich«, 05.02.2015, URL: https://www.evangelisch.de/inhalte/112795/05-02-2015/es-ist-uns-unertraeglich.

»Wir brauchen klare Verkündigung von Jesus Christus. Und immer wieder klar zu sagen: halt, nicht: Es gibt nur einen wahren Gott. Wir können keine Gemeinsamkeit mit dem Islam haben. Das heißt nicht – das sag ich auch in aller Klarheit –, dass wir nicht den Muslimen in Liebe und Nähe begegnen zu haben. Das ist ganz wichtig. Gott unterscheidet zwischen der Sünde und dem Sünder. Sünde und Sünder sind unterschieden. Das absolute Nein zur Sünde, aber das Ja zum Sünder. Wir haben den Menschen muslimischen Glaubens in Liebe und Barmherzigkeit zu begegnen. Und wenn die verfolgt werden, dann haben wir uns vor sie zu stellen. Das ist unsere Aufgabe als Christen. Um da nicht missverstanden zu werden, halt. Das ist unsere Aufgabe, denen wirklich in Nächstenliebe zu begegnen.

Aber zu falscher Lehre müssen wir genauso klar hinstellen und sagen: Das geht nicht! Und wenn die EKD [Evangelische Kirche Deutschlands] fordert: Nein, wir müssen das zusammen machen. Es gibt landauf, landab bei den Landeskirchen gemeinsame Gottesdienstentwürfe für Schuleröffnungen, nicht, da beten dann eben der Pfarrer und der Imam und der Katholik alle zusammen, halt, nicht, zu vermeintlich dem einen Gott. Das ist Sünde, und das darf nicht sein.

Davon müssen wir uns reinigen, halt, nicht. Und ich sag das in aller Deutlichkeit. Das hab ich auch, das ist nicht nur ein Problem in Bremen, auch in meiner alten Gemeinde im Kirchenkreis Siegen war es so, da sammelten die im Kirchenkreis Siegen Kollekten ein für die Arbeit in der Moschee in Siegen. Da hab ich gegen gekämpft. Und das hat Widerstände gegeben. Aber das darf nicht sein. Das ist Götzendienst. Und da müssen wir klar bleiben. Noch mal: Ich weiß, dass das manchmal schwer ist, das hinzukriegen, zu sagen: das Nein zum Islam und diese Vermischung mit dem Christentum, aber das Ja zu Menschen anderen Glaubens. Aber trotzdem müssen wir an dieser Stelle ganz klar sein. Wir dürfen uns da nicht vereinnahmen lassen und sagen, so nach dem Motto ›Ja wenn ihr für die Menschen seid, müsst ihr auch für ihre Religion sein‹. Nein, da müssen wir klar sein: Es gibt nur einen Gott. Und wenn diese Dinge in unserm Haus auftreten, dann müssen wir sie reinigen. Ob das in unserer Kirche ist, in unserer Gemeinde oder auch in unserem persönlichen Leben.

[…] Der Islam gehört nicht zu Deutschland. Die Muslime, die hier leben, ja. Absolut! Aber der Islam hat nichts zu tun mit dem Gott, von dem es in der Präambel unseres Grundgesetzes heißt: Im Bewusstsein seiner Verantwortung vor Gott und den Menschen, vom Willen beseelt als gleichberechtigtes Glied im vereinten Europa geben wir uns dieses Grundgesetz. Dieser Gott, der da gemeint ist, das ist jedem, der nur ein bisschen historische Ahnung hat, ist der dreieinige Gott, Vater, Sohn und Heiliger Geist. Und ist nicht, und ist nicht Allah. Der Islam gehört nicht zu Deutschland.«

Olaf Latzel, Die Predigt von Olaf Latzel: »An Gideon die Reinigung von den fremden Göttern lernen«, 03.02.2015, URL: https://www.evangelisch.de/inhalte/112787/03-02-2015/die-predigt-von-olaf-latzel-gideon-die-reinigung-von-den-fremden-goettern-lernen.

Die ARD berichtete in ihrem Mittagsmagazin über die Predigt Latzels.

Den Beitrag könnt ihr euch über YouTube (QR-Code) anschauen.

AUFGABEN

1. Wie äußert sich Latzel über den Islam? Gegen was genau wendet er sich und wie begründet er seine Auffassung?
2. Diskutiert, ob diese Aussagen durch die Meinungs- und Religionsfreiheit gedeckt sind oder der Straftatbestand der Volksverhetzung erfüllt ist.

3.6 Positionspapier der EKD zum christlich-islamischen Dialog

Die Evangelische Kirche in Deutschland sucht und fördert den Dialog mit Menschen muslimischen Glaubens. Sie ist davon überzeugt, dass nur durch Begegnung und Kontakt das friedliche Miteinander unterschiedlicher Glaubensüberzeugungen Gestalt gewinnen kann. [...] Musliminnen und Muslime sind Teil der pluralen Gesellschaft Deutschlands. Insbesondere seit dem Anwerbeabkommen mit der Türkei (1961) sind viele Menschen muslimischen Glaubens in Deutschland heimisch geworden. Etwa die Hälfte von ihnen hat heute eine deutsche Staatsbürgerschaft.

[...] Die Evangelische Kirche tat sich lange Zeit schwer mit der Anerkennung religiöser Pluralität. Heute hat sie als christliche Überzeugung erkannt, dass der christliche Glaube nur vertreten werden kann, wenn das Recht anderer Überzeugungen anerkannt wird. Denn der Glaube ist ein Geschenk des Heiligen Geistes und eine individuelle Gewissheit. Die Möglichkeiten Gottes, sich den Menschen bekannt zu machen, haben keine Grenzen. Alle Menschen sind seine Ebenbilder.

Die Evangelische Kirche in Deutschland bekräftigt ihr Ja zur religiösen Vielfalt in Deutschland ausdrücklich auch im Blick auf Musliminnen und Muslime und ihre Religion, den Islam. Ungeachtet der verschiedenen Offenbarungs- und Wahrheitsansprüche zwischen Christentum und Islam begegnet sie Musliminnen und Muslimen mit Respekt und Wertschätzung.

[...] In der Bevölkerung in Deutschland gibt es derzeit eine verbreitete Ablehnung der Religion des Islam, die bis hin zu massiver Anfeindung und Bedrohung muslimischer Menschen reicht. Allein im letzten Jahr gab es zahlreiche Anschläge auf Moscheen und islamische Einrichtungen, unter den Opfern des NSU waren auch acht Muslime. Dabei zeigen sich sowohl rassistische Motive als auch Formen gruppenbezogener Menschenfeindlichkeit. Die evangelische Kirche verurteilt diese Gewaltakte auf das Schärfste und ist sehr besorgt über die Missachtung zivilisatorischer Werte, die darin zum Ausdruck kommt. Sie widerspricht allen Bestrebungen, die sich gegen die vorhandene religiöse Vielfalt richten und versuchen, eine religiös oder kulturell homogene Gesellschaft zu schaffen. Gerade weil auch die christliche Geschichte und die des Protestantismus nicht frei von Gewalt gegenüber Andersglaubenden ist, sieht die evangelische Kirche hier eine besondere Verantwortung und Aufgabe.

Vor diesem Hintergrund wird die Verbindung von Religion und Gewalt, die sich derzeit im religiösen Fundamentalismus bis hin zum sog. islamistischen Extremismus und Terrorismus findet, mit großer Sorge wahrgenommen. [...] Die Achtung vor dem Leben anderer Menschen muss demgegenüber nicht nur als anerkanntes Menschenrecht, sondern auch als religiöser Wert wieder in Erinnerung gerufen werden. Dazu braucht es religiöse Bildung und eine grundlegende Kompetenz in Glaubensangelegenheiten. [...] Die gewaltsame Bekämpfung oder Verdrängung anderer Bekenntnisse und Glaubensanhänger darf in einer offenen und pluralen Gesellschaft keinen Platz haben.

[...] Die evangelische Kirche blickt mit Dankbarkeit auf die Erfahrungen, die seit einigen Jahrzehnten in Deutschland im interreligiösen Dialog mit Musliminnen und Muslimen gemacht werden. [...] Sie betrachtet den Dialog der Religionen vor allem auch mit dem Islam als Teil der offenen Lerngeschichte [...]. Der Dialog zwischen Menschen unterschiedlicher Glaubensüberzeugungen ist für die friedliche und konstruktive Gestaltung des Zusammenlebens in einer pluralen Gesellschaft unverzichtbar.

Evangelische Kirche in Deutschland (EKD), Positionspapier der EKD zum christlich-islamischen Dialog, Hannover 2018, URL: https://www.ekd.de/positionspapier-der-ekd-zum-christlich-islamischen-dialog-37797.htm.

AUFGABEN

1. Wie steht die EKD zu religiöser Pluralität und wie begründet sie diese Haltung?
2. Wie beschreibt und bewertet sie die in Deutschland verbreitete Ablehnung des Islam und inwiefern sieht sie sich aufgrund der Geschichte des Protestantismus in einer besonderen Verantwortung?
3. Bezieht zur folgenden Frage Stellung: Sollten die christlichen Kirchen von einer Mission unter Muslim*innen absehen?

3.7 Streitfrage Kopftuch

Medienportal der Evangelischen und Katholischen Medienzentralen, Hiyab – Das Kopftuch, URL: https://medienzentralen.de/medium41455/Hiyab-Das-Kopftuch.

3.7.1 Der Kurzfilm »Hiyab. Das Kopftuch«

Fatima ist Muslima und neu an der Schule. Ihre Lehrerin möchte unbedingt, dass sie ihr Kopftuch abnimmt, bevor sie in die Klasse geht. Doch Fatima widersetzt sich zunächst ihrer Lehrerin und die beiden versuchen einander mit Argumenten zu überzeugen, bis Fatima widerwillig ihre Kopfbedeckung abnimmt und in die Klasse geht. Dort stellt sie die Lehrkraft als neue Mitschülerin vor mit der Einladung an alle, sie fair zu behandeln. Fatima schaut in die Klasse und bemerkt plötzlich, dass viele SchülerInnen Kopfbedeckungen tragen.

Der Kurzfilm »Hiyab. Das Kopftuch« ist über das Medienportal der ev. und kath. Medienzentralen ausleihbar (QR-Code).

AUFGABEN

1. Welche Bedeutung hat das Kopftuchtragen für Fatima?
2. Was erfährt man in dem Film über die Bedeutung von Kopfbedeckungen in verschiedenen Zusammenhängen, Ländern und Kulturen?
3. Schreibt eine mögliche Fortsetzung des Films.

3.7.2 Die Kopftuchdebatte in Deutschland

Kopftuchstreit

Beim Streit um das Kopftuch in der Schule ist besonders der Fall der muslimischen Lehrerin Fereshta Ludin aus dem Jahr 1999 in der deutschen Öffentlichkeit diskutiert worden. Ludin wollte in ihrem Unterricht auf das Tragen des Kopftuches nicht verzichten. Dieser Wunsch wurde ihr von der Schulbehörde verweigert. Ein Kopftuchverbot für Lehrkräfte an Schulen und Hochschulen ist Sache der Bundesländer, die dies uneinheitlich regeln. Ende Januar 2015 befand das Bundesverfassungsgericht ein pauschales Kopftuchverbot in öffentlichen Schulen nach einem Grundsatzbeschluss als nicht mit dem Grundrecht auf Glaubens- und Bekenntnisfreiheit vereinbar. […] Ein Verbot sei nur dann gerechtfertigt, wenn durch das Tragen eine »hinreichend konkrete Gefahr« für den Schulfrieden oder die staatliche Neutralität ausgehe. Eine abstrakte Gefahr reiche jedoch nicht aus.

Seite »Kopftuchstreit«. In: Wikipedia – Die freie Enzyklopädie. Bearbeitungsstand: 21. Dezember 2022, 17:56 UTC. URL: https://de.wikipedia.org/w/index.php?title=Kopftuchstreit&oldid=229068733 (Abgerufen: 2. Februar 2023, 15:34 UTC).

Zur Kopftuchdebatte in Deutschland – Anmerkungen aus der Perspektive der Menschenrechte

Dass das Kopftuch ein Mittel zur Unterdrückung der Frau und zur symbolischen Festigung einer traditionellen Rollenteilung zwischen den Geschlechtern sein kann und in dieser Funktion auch tatsächlich eingesetzt wird, steht außer Frage. Bis heute gibt es Staaten, die eine »islamische Kleiderordnung« (von deren restriktiven Auswirkungen hauptsächlich Frauen betroffen sind) mit Zwang vorschreiben und Verstöße mit harten Strafen ahnden. Hinzu kommt der soziale Druck eines konservativen islamischen Milieus, der sehr viel wirksamer als staatliche Zwangsmaßnahmen sein kann. Man muss davon ausgehen, dass ein solcher Milieudruck auch in Deutschland existiert und viele Frauen und Mädchen aus islamisch geprägten Familien in ihrer freien Selbstentfaltung beeinträchtigt und vor nicht selten tragische Zerreißproben stellt. Er wirkt sich vielfach auch negativ auf das Schulleben aus.

Es gibt aber auch die Erfahrung, dass muslimische Frauen sich aus religiösen Gründen bewusst und in Freiheit für das Kopftuch entscheiden – zum Beispiel weil sie überzeugt sind, dass der Koran eine entsprechende Vorschrift enthält. Für sie ist das Kopftuch Bestandteil ihres religiösen Selbstverständnisses und ein Element ihrer religiösen Praxis.

Viele dieser Frauen (zum Beispiel Kopftuch tragende Studentinnen an deutschen Universitäten) erwecken in ihrem Verhalten und Habitus im Übrigen keineswegs den Eindruck, einem traditionellen Verständnis der Geschlechterrollen verhaftet zu sein. Das religiöse Motiv in der Entscheidung für das Kopftuch kann sich mit dem Interesse an der Wahrung kultureller Identität oder auch mit politischem Engagement verbinden. Das Kopftuch kann dabei ein Ausdruck des Protestes gegen Diskriminierungserfahrungen in der deutschen Gesellschaft sein, mit einem spezifisch muslimischen »Modebewusstsein« einhergehen oder als Bekenntniszeichen im innertürkischen Kulturkampf um Bewahrung, Weiterentwicklung oder Überwindung des kemalistischen Erbes [Gründungsideologie der 1923 ausgerufenen Republik Türkei, die auf eine strikte Trennung von Staat und Religion setzte] fungieren. Innerhalb des politischen Islams gibt es schließlich auch autoritäre Bewegungen, die das Kopftuch gezielt als Instrument im Kampf gegen die liberale Gesellschaft und die freiheitliche Verfassung einsetzen.

Das Kopftuch erweist sich deshalb als ein vieldeutiges Symbol. Es kann für Unterdrückung der Frau im Namen religiöser beziehungsweise kultureller Tradition stehen oder Ausdruck freier religiöser Selbstbestimmung sein; es kann zur religiösen Lebensführung gehören und gleichzeitig ein politisches Bekenntnis darstellen. Auch aus der Perspektive der Menschenrechte erweist sich die Frage nach dem Kopftuch der Lehrerin als kompliziert. Denn es geht dabei um mehrere menschenrechtliche Ansprüche, die in Spannung oder Widerspruch zueinander geraten können. Im Vordergrund der Diskussion stehen die Gleichberechtigung der Geschlechter und die Religionsfreiheit (die übrigens immer auch die Weltanschauungsfreiheit umfasst). Beide Rechte sind sowohl im Grundrechtsabschnitt des Grundgesetzes als auch in mehreren für die Bundesrepublik Deutschland völkerrechtlich bindenden internationalen Menschenrechtskonventionen normiert worden […].

Abgesehen von möglichen Spannungen zwischen der Gleichberechtigung der Geschlechter einerseits und der Religionsfreiheit andererseits kann es auch zu Konflikten zwischen zwei Aspekten innerhalb des Rechts auf Religionsfreiheit kommen, nämlich zwischen der »positiven Religionsfreiheit« der Lehrerin und der »negativen Religionsfreiheit« von Schülerinnen und Schülern.

Unter der positiven Religionsfreiheit versteht man das Recht, einen religiösen Glauben anzunehmen, zu bekennen und das eigene Leben (auch in Gemeinschaft mit anderen) danach auszurichten; mit negativer Religionsfreiheit ist demgegenüber das Recht gemeint, nicht von Staats wegen gegen den eigenen Willen religiöser Einflussnahme ausgesetzt oder gar zu religiösen Handlungen gedrängt zu werden. Hinzu kommt als weiterer menschenrechtlicher Anspruch das Erziehungsrecht der Eltern, das ebenfalls sowohl verfassungsrechtlich als auch völkerrechtlich verankert ist. Für die besondere Situation des Lehramts in einer staatlichen Schule stellt sich außerdem die Frage, inwieweit die religiös-weltanschauliche Neutralität des Staates Lehrerinnen und Lehrern im Unterricht eine besondere Zurückhaltungspflicht auferlegt, hinter der das Recht auf eigene Religionsausübung im Dienst eventuell zurückzutreten hat.

Heiner Bielefeldt, Zur aktuellen Kopftuchdebatte in Deutschland, Deutsches Institut für Menschenrechte, Berlin 2004, 5 ff., URL: https://www.institut-fuer-menschenrechte.de/fileadmin/_migrated/tx_commerce/policy_paper_3_zur_aktuellen_kopftuchdebatte_in_deutschland.pdf.

Lehrerin mit Kopftuch?

Eine muslimische Grundschullehrerin durfte 2018 an einer Berliner Schule nicht unterrichten, weil sie ein Kopftuch trug, […] dagegen hatte die Frau geklagt. […] Nun ist das Urteil da: Die muslimische Grundschullehrerin darf im Unterricht KEIN Kopftuch tragen. Das Arbeitsgericht begründet die Entscheidung damit, dass aufgrund des Neutralitätsgesetzes das Tragen von religiösen Symbolen an Schulen bzw. im öffentlichen Dienst verhindert werden darf. Laut Richter- und Beamtenstatusgesetz dürfen Beamte ihr Gesicht im Dienst nicht verhüllen. […] 2015 wurde ein pauschales Kopftuchverbot an Schulen jedoch gekippt und die Bedeutung der Religionsfreiheit betont. Demnach geht vom alleinigen Tragen eines Kopftuches keine Gefahr aus.

Lehrerin mit Kopftuch? Das Urteil ist da!, Kommunal vom 09.05.2018, URL: https://kommunal.de/lehrerin-mit-kopftuch-das-urteil-ist-da.

AUFGABEN

1. Sammelt Pro- und Contra-Argumente zum Tragen des Kopftuches in der Schule.
2. Sollte man dabei zwischen Schüler*innen und Lehrer*innen unterscheiden? Begründet.
3. Diskutiert in eurer Lerngruppe in einer Fish-Bowl-Diskussion die unterschiedlichen Entscheidungen der beiden Gerichte (Bundesverfassungsgericht und Arbeitsgericht).

4.1 Alltagssituationen

4.1.1 »Einmal Hautfarbe bitte!«

»Einmal Hautfarbe bitte« © Dennis Gies 2022.
(Abbildung in Farbe im Download-Material)

4.1.2 Stell dir vor …

… du wirst ständig gefragt, woher du kommst, also »wirklich« herkommst, obwohl du in Deutschland geboren wurdest.

… im Zug wird eine anlasslose Ausweiskontrolle durchgeführt und nur du wirst als Fahrgast kontrolliert.

… dein Gottesdienstbesuch kann nur unter Polizeischutz durchgeführt werden.

… du wirst mit der Aussage »Tut mir leid, es gibt gerade einen Aufnahmestopp« nicht als Mitglied in das leere Fitnessstudio zugelassen, obwohl deine weißen Freund*innen kurz nach dir im selben Studio ohne Probleme aufgenommen werden.

AUFGABEN

1. Beschreibt die dargestellte Situation im Bild »Einmal Hautfarbe bitte!«. Worin liegt die Problematik?
2. Lest die folgenden alltäglichen Situationen von »Stelle dir vor …«.
   a) Wie fühlt es sich an, wenn ihr diese Person wärt?
   b) Welche Gefühle ruft es in euch hervor, wenn ihr alltäglich diesen Situationen ausgesetzt wärt?
   c) Was haben alle vier Situationen gemeinsam?

4.2 Was bedeutet Rassismus?

Hier geht's zum Kurzvideo der bpb:

4.1.1 Kurzfilm »Rassismus begegnen«

Filmausschnitt aus: Laura Momo Aufderhaar (Pudelskern GbR), Rassismus begegnen. Ein Infofilm zu Rassismus, Bundeszentrale für politische Bildung (bpb) 2014, URL: https://www.bpb.de/mediathek/197285/rassismus-begegnen.

i

Als Kolonialismus wird die staatlich geförderte oder betriebene Besetzung eines Gebietes und die Fremdherrschaft über die dort ansässige Bevölkerung bezeichnet. Historisch lag die Hochzeit des Kolonialismus zwischen dem 15. und dem 20. Jahrhundert, als europäische (und später US-amerikanische und australische) Menschen begannen, Afrika, Teile Asiens und Amerika zu besiedeln und auszubeuten. Dabei unterdrückten, versklavten und töteten sie die lokale Bevölkerung und legitimierten dies mit einer rassistischen Ideologie, die ihre angebliche biologische, zivilisatorische und religiöse Überlegenheit behauptete. Auch das Deutsche Kaiserreich hatte mehrere Kolonien in Asien und Afrika. Bis in die 1970er Jahre hinein weigerten sich europäische Regierungen, den kolonisierten Gebieten ihre Unabhängigkeit zuzugestehen.
Die Folgen des Kolonialismus sind noch heute spürbar – sowohl in den kolonisierten als auch ehemals kolonisierenden Gesellschaften.

IDA e. V., Glossar. Art. Kolonialismus, URL: https://www.idaev.de/recherchetools/glossar?tx_dpnglossary_glossary%5Baction%5D=list&tx_dpnglossary_glossary%5Bcontroller%5D=Term&tx_dpnglossary_glossary%5BcurrentCharacter%5D=K&cHash=46e6a38c065061fb87c241d005cd3508.

4.1.2 Rassismus begegnen

Im Vergleich zum 20. Jahrhundert bestehe heute Einigkeit in der Wissenschaft, dass keine signifikanten genetischen Differenzen zwischen unterschiedlichen Ethnien vorhanden sind. Rassistischem Denken und Handeln fehle daher jede biologisch fassbare Basis und bestehe aus ideologisch und machtpolitisch fundierten Konstruktionen […]. Im international geführten Rassismusdiskurs stehen sowohl aus der Kolonialgeschichte resultierende Formen des Rassismus als auch jene aktuellen gesamtgesellschaftlichen, systemischen Strukturen der Unterdrückung im Zentrum des Diskurses. So lassen sich im Kontext rassistischen Handelns gegen People of Color (PoC) einerseits und gegen Muslim:innen, Roma und Sinti sowie Juden und Jüdinnen sowohl Überschneidungen als auch Divergenzen finden. Gemeinsam ist ihnen der Mechanismus des sogenannten Otherings […], der eine Abwertung der »Anderen« (z. B. PoC) bei gleichzeitiger Aufwertung der eigenen (z. B. oft weißen) Gruppe bedeutet. Somit ermöglichen rassistische Unterscheidungen diskriminierende, gefährliche gruppenbezogene Identitätskonstruktionen (z. B. im Zusammenhang der NSU-Morde) und Machtstrukturen.

Zugleich verhindern oder erschweren derartige Differenzierungen den Mitgliedern unterdrückter Gruppierungen den Zugang zu materiellen und nichtmateriellen Ressourcen und stärken zugleich die privilegierte Position machtausübender Gruppierungen. Dabei können nicht nur körperliche Merkmale für rassistische Unterscheidungen genutzt werden, sondern auch soziale, kulturelle und religiöse Aspekte, wodurch Körper, Lebensweise und Identität sowohl konstruierte Ausgangspunkte als auch Zielscheiben des Rassismus werden.

Von besonderer Bedeutung erweisen sich jene Formen des *Staatsrassismus,* z. B. im Nationalsozialismus, die die Ausgrenzung und sogar Vernichtung umfassender Gruppen durch Gesetze legalisieren und die Teilhabe an gesellschaftlichen Ressourcen unterbinden. Damit gehen häufig Auswirkungen eines *Strukturellen Rassismus* einher, die sich durch einen eingeschränkten Arbeitsmarktzugang oder diskriminierende Personenkontrollen durch Behörden äußern. Darüber hinaus vollzieht sich *Alltagsrassismus* im direkten Kontakt zwischen Menschen, oszillierend zwischen Anwendung körperlicher Gewalt, Ausübung vermeintlicher Privilegien und Nichtbeachtung des »Anderen«.

Stephanie Lerke/Leonie Seebach, Art. Rassismus, in: Kunibert Bering/Rolf Niehoff/Karina Pauls Karina (Hg.), Lexikon der Kunstpädagogik, Bielefeld [2]2022, 444–448.

i Die Selbstbezeichnung »Color« sollte in diesem Kontext nicht als »farbig« übersetzt werden, da dieser rassistische Begriff aus der Kolonialzeit stammt.

4.1.3 Schwarz und Weiß, People of Color

Schwarz und Weiß bezeichnen politische und soziale Konstruktionen und werden nicht als biologische Eigenschaften verstanden. Sie beschreiben also nicht »Hautfarben« von Menschen, sondern ihre Position als diskriminierte oder privilegierte Menschen in einer durch Rassismus geprägten Gesellschaft. Während es sich bei Schwarz oftmals um eine emanzipatorische Selbstbezeichnung Schwarzer Menschen handelt, wird Weiß explizit benannt, um die dominante Position zu kennzeichnen, die sonst meist unausgesprochen bleibt. Damit der Konstruktionscharakter deutlich wird, werden Schwarz und Weiß groß geschrieben, da sie von Adjektiven abgegrenzt werden sollen. People of Color ist ein Begriff, mit dem sich Menschen selbst bezeichnen können, die in einer rassistischen Gesellschaft als nicht-Weiß gelten. Der Begriff ermöglicht, die koloniale Strategie des Teilens (zwischen verschiedenen nicht-Weißen Gruppen) und Herrschens zu überwinden, indem er Menschen ähnlicher rassistischer Erfahrungen zusammenbringt. Wie Schwarz ist der Begriff People of Color eine Selbstbezeichnung, um rassistischen und kolonialen Wortschöpfungen eine Alternative entgegenzusetzen.

glokal e. V., Bildung für nachhaltige Ungleichheit? Eine postkoloniale Analyse von Materialien der entwicklungspolitischen Bildungsarbeit in Deutschland, Berlin 2013, 15, URL: https://www.glokal.org/wp-content/uploads/2019/01/Glokal-e-V_Bildung-fuer-nachhaltige-Ungleichheit_Barrierefrei_Druckfassung.pdf.

AUFGABEN

Schaut euch den Kurzfilm »Rassismus begegnen« (2:24 min) der Bundeszentrale für politische Bildung (bpb) an und lest die Kurztexte »Rassismus« (2022) und »Schwarz und Weiß, People of Color« (2013). Beantwortet dazu folgende Fragen:

1. Was bedeutet Rassismus? Beantwortet die Frage in 2–3 Sätzen.
2. Aufgrund welcher Zuschreibungen werden Menschen bei Rassismus stigmatisiert, verfolgt, vertrieben und ermordet? Listet die Zuschreibungen auf.
3. Warum ist es wichtig, bestimmte Begriffe »Schwarz, Weiß, People of Color« sprachsensibel zu verwenden?
4. Betrachtet die dargestellte Szene aus dem Kurzfilm »Rassismus begegnen« (vgl. Hinweis auf S. 32). Weshalb handelt sich hier um Rassismus?
5. Innerhalb der Rassismusdebatte lodert wiederholt eine Frage auf: »Richtet sich Rassismus immer nach der Hautfarbe?« Bezieht dazu Stellung.

4.3 Scheinlegitimierter Rassismus

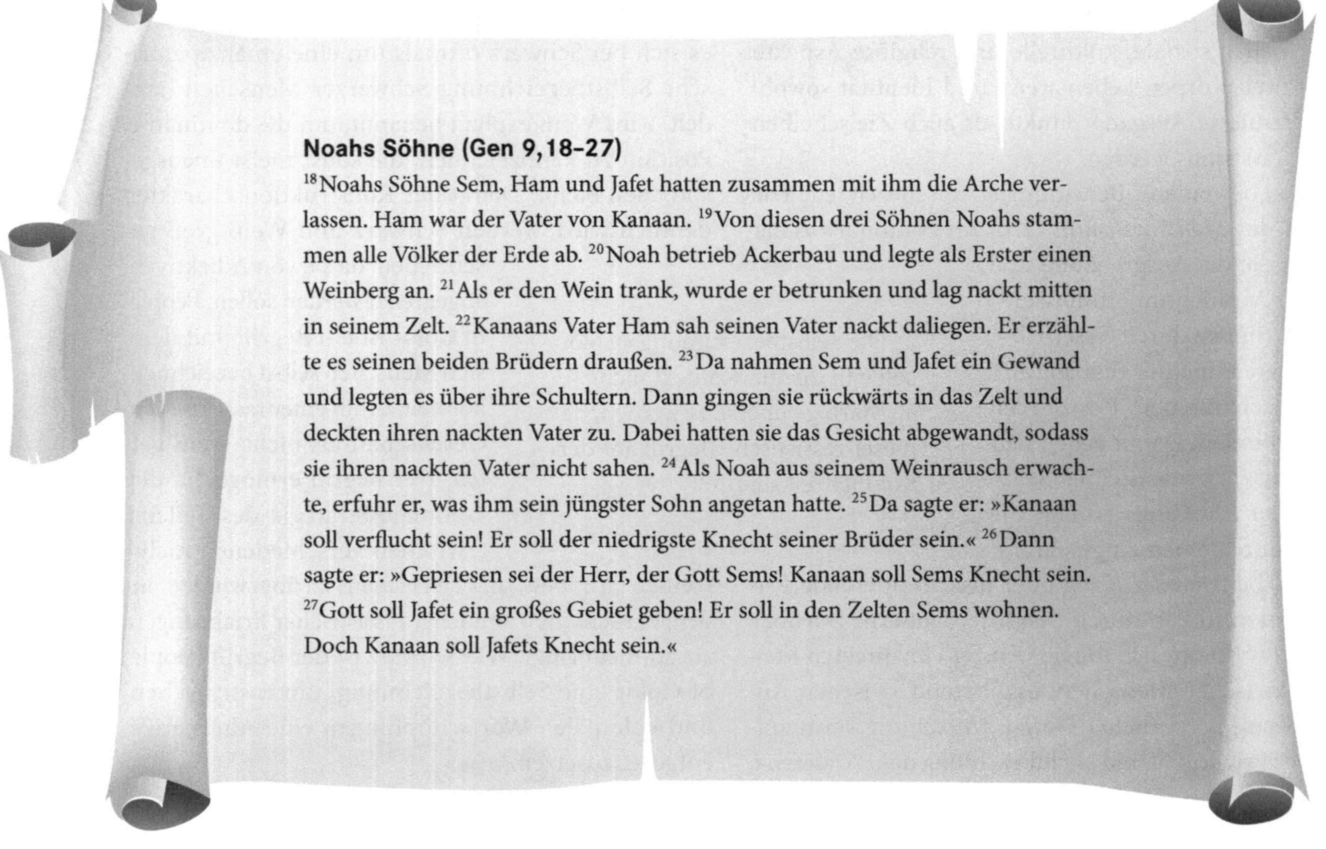

Noahs Söhne (Gen 9,18–27)

[18]Noahs Söhne Sem, Ham und Jafet hatten zusammen mit ihm die Arche ver-
lassen. Ham war der Vater von Kanaan. [19]Von diesen drei Söhnen Noahs stammen alle Völker der Erde ab. [20]Noah betrieb Ackerbau und legte als Erster einen
Weinberg an. [21]Als er den Wein trank, wurde er betrunken und lag nackt mitten
in seinem Zelt. [22]Kanaans Vater Ham sah seinen Vater nackt daliegen. Er erzähl-
te es seinen beiden Brüdern draußen. [23]Da nahmen Sem und Jafet ein Gewand
und legten es über ihre Schultern. Dann gingen sie rückwärts in das Zelt und
deckten ihren nackten Vater zu. Dabei hatten sie das Gesicht abgewandt, sodass
sie ihren nackten Vater nicht sahen. [24]Als Noah aus seinem Weinrausch erwach-
te, erfuhr er, was ihm sein jüngster Sohn angetan hatte. [25]Da sagte er: »Kanaan
soll verflucht sein! Er soll der niedrigste Knecht seiner Brüder sein.« [26]Dann
sagte er: »Gepriesen sei der Herr, der Gott Sems! Kanaan soll Sems Knecht sein.
[27]Gott soll Jafet ein großes Gebiet geben! Er soll in den Zelten Sems wohnen.
Doch Kanaan soll Jafets Knecht sein.«

AUFGABEN

1. Lest die Perikope (Bibelstelle) Gen 9,18–27 und bewertet die Bibelstelle.
2. Zur Legitimation »Schwarzer Sklaven« griffen früher Sklavenhalter auf die Bibel zurück. Der sog. Ham-Mythos spielte dabei eine entscheidende Rolle. Auch wenn die Bibel an dieser Stelle, Margarita Schubert* zufolge, »keine besonderen Angaben über die ›Rasse‹ der Söhne macht«, wird vermutet, dass hebräische Gelehrte diese Textstelle gebrauchten, »um die Unterwerfung des Landes Kanaan zu rechtfertigen«. Daher wurde im Laufe der Zeit Hams Sohn Kanaan als Vorfahre der »Schwarzen Bevölkerung« interpretiert und mit Verweis auf diesen Bibelvers etwa durch amerikanische Sklavenhalter eine andere Behandlung »Schwarzer Menschen« scheinlegitimiert. Jedoch gibt es zahlreiche andere Perikopen, die gegen eine solche Auslegung und vor allem gegen Rassismus sprechen. Welche fallen euch ein? Begründet eure Antwort.

* Margarita Schubert, Die Heilige Schrift als Legitimation für Rassismus, in: Die Presse vom 22.06.2010, URL: https://www.diepresse.com/575892/die-heilige-schrift-als-legitimation-fuer-rassismus.

Falls euch keine Bibelstellen einfallen, nutzt hierfür die TIPPKARTEN im Download-Material.

4.4 »I have a dream«

»Ich habe den Traum, dass sich diese Nation eines Tages erhebt und die wahre Bedeutung ihres Glaubensbekenntnisses auslebt: Wir halten diese Wahrheiten für selbstverständlich, dass alle Menschen gleich geschaffen sind. […] Ich habe einen Traum, dass eines Tages die Söhne von früheren Sklaven und die Söhne von früheren Sklavenhaltern auf den roten Hügeln von Georgia bereit sein werden, sich gemeinsam am Tisch der Brüderlichkeit niederzusetzen. Ich habe einen Traum, dass eines Tages selbst der Staat Mississippi, der noch unter der Hitze der Unterdrückung schmort, sich in eine Oase der Freiheit und Gerechtigkeit verwandelt. Ich habe einen Traum, dass meine vier kleinen Kinder eines Tages in einer Nation leben werden, in der man sie nicht nach ihrer Hautfarbe, sondern nach ihrem Charakter beurteilt. […] Ich habe einen Traum, dass eines Tages jedes Tal erhöht und jeder Hügel und Berg abgetragen werden, alle Unebenheiten geebnet und alles Gewundene begradigt wird. Und die Herrlichkeit des Herrn wird offenbar werden und alles Fleisch wird es sehen. (Jes 40,4–5) Dies ist unsere Hoffnung. Dies ist der Glaube, mit dem ich in den Süden zurückgehen werde. Mit diesem Glauben werden wir im Stande sein, aus den Bergen der Verzweiflung einen Stein der Hoffnung zu hauen. Mit diesem Glauben werden wir fähig sein, zusammen zu arbeiten, zusammen zu beten, zusammen zu kämpfen, zusammen ins Gefängnis zu gehen, zusammen für die Freiheit aufzustehen, in dem Wissen, dass wir eines Tages frei sein werden. […] Wenn dies geschieht, und wenn wir erlauben, dass die Glocken der Freiheit läuten und wenn wir sie von jedem Dorf und jedem Weiler, von jedem Staat und jeder Stadt läuten lassen, werden wir diesen Tag schneller erleben, wenn alle Kinder Gottes, Schwarzer Mann und Weißer Mann, Juden und Christen, Protestanten und Katholiken Hände halten können und die Worte des alten Neger-Spirituals Endlich frei, endlich frei. Danke Gott, Allmächtiger, endlich frei singen.«

Martin Luther King Jr.

i Die Bezeichnung »Neger« gilt heute als diskriminierend und wird nicht mehr verwendet.

Martin Luther King Jr., I have a dream, Ansprache während des Marsches auf Washington für Arbeitsplätze und Freiheit am 28.08.1963 in Washington D.C., deutsche Übersetzung, URL: http://usa.usembassy.de/etexts/soc/traum.htm.

AUFGABEN

1. Welchen Traum einer besseren und gerechten Welt habt ihr?
2. Der Satz »I have a dream« stammt aus der berühmten Rede von Martin Luther King Jr. (1929-1986), in der er sich zur Zeit der amerikanischen Bürgerrechtsbewegung gegen Rassismus und Ungleichheit aussprach. Lest den Ausschnitt seiner Rede und arbeitet Kings Vorstellung des Reich Gottes heraus.
3. Martin Luther King sprach in seiner Rede Menschen weltweit aus dem Herzen. Inwiefern hat sich sein Traum von Gerechtigkeit und Freiheit heute erfüllt oder auch nicht erfüllt? Bezieht dazu Stellung.

4.5 »I can’t breathe«

Rassismuskritische Memory Lane

Dann gab es einen rassistischen Übergriff, wie zum Beispiel 2018 die Hetzjagden rechtsextremer Demonstrant*innen auf Schwarze Menschen und PoC in Halle. Menschen, die von Rassismus betroffen sind, begannen – wie schon viele Male zuvor –, in der Öffentlichkeit von ihren Erlebnissen zu sprechen. Direkt im Anschluss gab es in Kommentarspalten und Artikeln, aber auch in Talkshows und Radiosendungen einen Aufschrei aus der gesellschaftlichen Mitte. Nicht etwa ein allgemeines Entsetzen darüber, dass so viele unserer Mitbürger*innen täglich Alltagsrassismus ausgesetzt sind, sondern Diskussionen darüber, ob diese Erfahrungen denn überhaupt valide seien. Ob Rassismus überhaupt benannt werden darf. Ob diese Menschen nicht vielleicht doch zu emotional und übersensibel seien. Ob sie überhaupt ein Recht darauf haben, ihre Erfahrungen zu benennen.

[…] Dann dauerte es nicht lange, und es hüllte sich wieder ein medialer Mantel des Schweigens über das Thema. […] Kurz: Es war frustrierend. Und das Schlimmste war: Es brachte uns weder individuell noch als Gesellschaft auch nur einen Schritt weiter.«

Das Schlimmste? Nicht zu voreilig, Tupoka. Denn dann passierte

- Halle. Am 9. Oktober 2019 – an Jom Kippur, dem höchsten jüdischen Feiertag – versuchte ein Rechtsextremist in Halle in eine Synagoge einzudringen, um die dort versammelten Menschen zu töten.
- Hanau. Am 19. Februar 2020 wurden zehn People of Color von einem Rechtsextremisten erschossen.

Doch weder hatten People of Color und Schwarze Menschen Zeit zu trauern und dieses Trauma auch nur ansatzweise zu verarbeiten, noch bekam es gesamtgesellschaftlich die angemessene Aufmerksam-

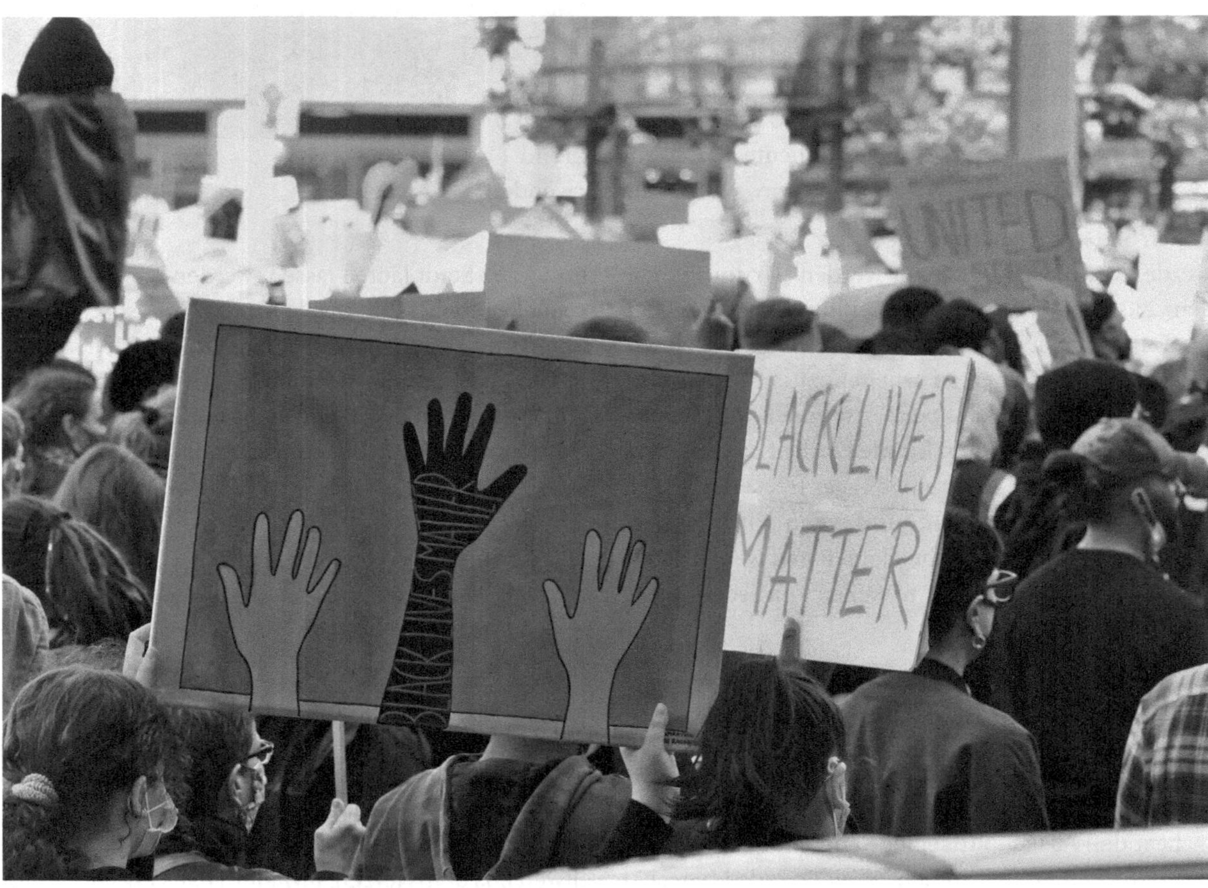

»Black Lives Matter«-Bewegung © Patrick Behn/pixabay.

keit. Denn im März 2020 geriet die gesamte Welt in einen vorher nie gesehenen Ausnahmezustand: Die COVID-19-Pandemie versetzte uns in den Lockdown und legte die Weltwirtschaft und das öffentliche Leben fast vollständig lahm. Und dann, mitten in diesem Ausnahmezustand, ging am 25. Mai 2020 ein Video weltweit viral, in dem die Festnahme und die anschließende grausame Ermordung eines Schwarzen Mannes namens George Floyd durch einen Polizisten von Passant*innen dokumentiert wurde. 8 Minuten und 46 Sekunden kniete der weiße Polizist Derek Chauvin auf dem am Boden liegenden gefesselten George Floyd. Das Video zeigt George Floyds Betteln und Bitten, sein immer schwächer werdendes Flehen, bis er schließlich verstummt und stirbt.

In meiner Verzweiflung schreibe ich folgenden Instagram-Post:

»[…] Ich möchte weinen und schreien. Aber etwas verschließt mir den Mund, schnürt mir die Kehle zu. Vor das Gesicht von George Floyd schieben sich die Gesichter meiner geliebten Brüder, meines Mannes, meiner Söhne. Immer wieder meine Söhne.
Meine Augen füllen sich mit Tränen, ich will zu ihnen laufen, sie halten. Ihnen zurufen, bloß ruhig zu bleiben. Dann wird alles gut … Wird es das?
Ich sehe meine Schwestern, meine Geschwister, rufend, bettelnd, wütend, seit Jahrhunderten kämpfend, immer kämpfend. Ihre verzweifelten Gesichter. Lasst uns atmen. Let us breathe. Ich bekomme immer noch keine Luft. Eine unsichtbare Hand drückt meine Kehle zu. Ich will ihnen zurufen: Seht ihr nicht, dass wir Menschen sind, dass wir um unsere Kinder trauern, so wie ihr? Dass wir lachen wollen, leben wollen? Sein wollen? Seht ihr nicht, was dieses System – white supremacy – mit euch gemacht hat? Was sagt es über euch, wenn ihr uns anschaut und keine Menschen seht? […]«

Weltweit saßen der Schmerz und die Wut tief. Es entbrannten zahlreiche Proteste, sowohl online als auch offline. Im Namen der Black-Lives-Matter-Bewegung, die sich in den USA bereits 2013, nach dem Mord an dem siebzehnjährigen Trayvon Martin formiert hatte, gingen Tausende auf die Straße. Aber dabei blieb es nicht. In mehr als sechzig Ländern protestierten Menschen jetzt gegen Polizeigewalt an Schwarzen Mitbürger*innen. Diesem weltweiten Aufschrei folgten konkrete Forderungen von Schwarzen Organisationen und Aktivist*innen. So forderte die Black Music Coalition die sofortige Auseinandersetzung mit Rassismus innerhalb der eigenen Reihen der Musikindustrie.

[…] Die Frage, die mir in der Folge am häufigsten gestellt wurde, war: »Wird es jetzt besser? Hält diese Welle an Vorwärtsbewegung an?« Well, let me tell you: Das ist eine Frage, die du mir beantworten musst und kannst. Ja, genau, du. Denn Aktivist*innen und Menschen im rassismuskritischen Bildungsbereich werden weiterhin gegen das rassistische System kämpfen müssen. Mit medialem Rampenlicht oder ohne. Ob das Thema weiterhin in Familien und Institutionen diskutiert wird, hängt vor allem von den weißen Menschen in diesen Familien und Institutionen ab. […]

Die Gesichter des Rassismus heute in Deutschland sind die Gesichter der NSU-Morde, des Terrors in Hanau, in Chemnitz und Halle. Es sind die über 200 Todesopfer rechter Gewalt seit 1990. Es sind die über 22.000 Delikte mit rechtsextremem Hintergrund allein im Jahr 2019. Aber dies ist nur die Spitze des grausamen Eisbergs. Darunter liegen viele Schichten und eine über Generationen weitergegebene rassistische Struktur. So tief verankert, dass sie in jedem Bereich wirkt.

Tupoka Ogette (Hg.), Und jetzt du. Rassismuskritisch leben München 2022, 17 f. Penguin Random House

AUFGABEN

Wenngleich Martin Luther Kings Traum von sozialer Gerechtigkeit, Gleichberechtigung und einem gemeinsamen Zusammenleben in Frieden und Respekt noch nicht erfüllt wurde, so lebt sein Erbe, seine Vision, bis heute über die Grenzen der USA hinweg.

1. Lest den Text »Rassismuskritische Memory Lane« von Tupoka Ogette. Welche Ereignisse bewegten sie als PoC innerlich und warum?
2. Die Worte »I can't breathe« von George Floyd, die er mit dem Knie eines Polizisten in seinem Nacken am Boden liegend äußerte, drangen tief zu den Menschen weltweit vor. Warum könnten Floyds Worte, Ogette zufolge, nicht treffender für die Beschreibung gegenwärtiger Situationen sein? Nehmt dazu begründet Stellung.
3. Welche Konsequenzen zieht sie aus den geschilderten Ereignissen und warum?

4.6 Wie ist Jesus weiß geworden?

Wie ist Jesus weiß und Christ geworden?

[...] Wir stimmen von der Logik her zu, dass Jesus als PoC und Jude in die Welt kam. Das ist historisch belegbar, und somit muss Jesus von Nazareth Person of Color/Jude of Color gewesen sein. Patriarchat und Rassismus entsprechen aber keiner Logik, und so kommt es dazu, dass wir uns Jesus *weiß* und Gott männlich vorstellen, obwohl manche es gar nicht wollen und wir es besser wissen.

Wie kam es aber dazu, dass Jesus *weiß* wurde? Fangen wir mal dabei an, was wir aus der Bibel über Jesu Aussehen wissen. Eigentlich nicht so viel. Wir wissen, dass Jesus in Betlehem geboren wurde (Matthäus 21) und seine Familie aus Nazareth kam (Lukas 1,26). Jesus schien nicht besonders anders auszusehen als die Menschen um ihn herum, sonst hätte Judas den Soldaten kein Erkennungsmerkmal geben müssen, um Jesus zu identifizieren (Matthäus 26,48). Viel mehr Infos bekommen wir über Jesu Äußeres aus der Bibel nicht, aber die Forschung hat sich damit beschäftigt. Demnach entsprach Jesu Physiognomie in etwa der der Menschen, die im heutigen Irak leben.

In der Zeit des frühen Christentums und aus Lebzeiten Jesu nahm man das Gebot, sich kein Bildnis zu machen, sehr ernst; daher gibt es keine Darstellungen aus dieser Zeit. Die ersten überlieferten Christusdarstellungen stammen aus dem 3. Jahrhundert aus römischen Katakomben. Dort wurde Jesus als guter Hirte dargestellt: mit weißer Haut, Tunika und kurzem lockigen Haar. Sehr römisch. Als Kaiser Konstantin das Christentum zur Staatsreligion erklärte, wurde aus dem Hirten der allmächtige Herrscher mit Bart und langem Haar. Die bildlichen Darstellungen hatten zu der Zeit aber nicht den Anspruch, Jesus möglichst realistisch darzustellen. Bilder sollten bis ins Mittelalter hinein vielmehr die Funktion des Dargestellten deutlich zum Vorschein bringen. Individualität wurde erst in der Renaissance wichtig. [...] Forschungen gehen aber auch davon aus, dass die damaligen Jesusbilder von Philosophen mit Bart und Toga geprägt waren. [...]

Im Mittelalter kam der weiße Jesus zudem ganz gelegen, weil er weniger jüdisch aussah, als wenn er ein dunkelhaariger Jesus of Color gewesen wäre. Das weiße Bild blieb also hartnäckig bestehen – und bot schließlich eine gelungene Grundlage für die koloniale Karriere des weißen Jesus. Für europäische Christ*innen war die weiße Haut nicht einfach direkt und niederschwellig zugänglich, sie bekam auch eine absichtsvolle geistliche Dimension. Jesus wurde nämlich nicht nur weiß, sondern auch Christ. Maria wurde demzufolge ohne Ohrringe dargestellt, denn Ohrringe galten als jüdisches Merkmal und wurden nach der Konversion zum Christentum nicht mehr getragen. Letztendlich gipfelte all das darin, dass die Nationalsozialisten Jesus als »Arier« darstellten. Die Kolonialzeit bot aber auch hier wieder den Nährboden dazu. Es waren europäische Missionare, die den weißen Jesus in die Welt trugen. Die weiße Haut diente dazu zu untermauern, dass weiß herrscht und andere folgen. Hätte der liebe Gott so ausgesehen wie die Unterdrückten, hätte dies zu Irritationen führen können. [...] 75 Jesusbilder, die einen Jesus of Color darstellten, blieben die Ausnahme und setzten sich daher kaum durch. Bis heute sehe ich in den Kirchen Afrikas und Asiens einen weißen Jesus, den die Europäer*innen vor über 100 Jahren dort einführten. Das Bild eines weißen Gottes steht im Gegensatz zu der schwarzen Symbolik des Bösen, die sich ebenfalls bis heute in Kirchenliedern und in unserer Sprache hält. Im Prinzip geschah mit Jesus genau das, was generell zur Kolonialzeit geschah: Jesus wurde inkulturiert, ohne zu benennen, dass dies passierte. Es wurde als Standard und Wahrheit verkauft. Das Christentum wurde instrumentalisiert und hat sich instrumentalisieren lassen. Und das ist letztendlich das Problem.

Jesus wurde selbst von der damaligen Kolonialmacht der Römer im eigenen Land hingerichtet, er war Jude, Person of Color und trotzdem ist er einer von uns. Christ*innen glauben, dass Gott ihn nicht im Tod gelassen hat, sondern dass er als Christus in verwandelter Gestalt auferstanden und durch die Heilige Geistkraft für uns alle zugänglich ist. Daher spricht für mich im Prinzip nichts dagegen, vielfältige Jesusbilder darzustellen, um sich mit Jesus zu identifizieren. Wir sollten uns dabei nur bewusst sein, dass weder ein asiatisch gelesener Jesus noch ein weiblicher, weder ein weißer noch ein dark-skinned Jesus dem historischen, menschlichen Jesus entsprechen. Und wir sollten aufpassen, dass wir Jesus nicht

Andrea Karimé, mit Illustrationen von Anna Lisicki-Hehn (2023), Alle-Kinder-Bibel. Unsere Geschichten mit Gott © Neukirchener Verlag. (Abbildung in Farbe im Download-Material)

instrumentalisieren, um Unterdrückungssysteme, wie den Antisemitismus, zu befördern. Der Grat ist schmal, und gerade aufgrund unserer Geschichte sollten wir lieber einmal mehr betonen, dass Christus in neuer Gestalt dennoch seine jüdischen Wurzeln behält.

Sarah Vecera, Wie ist Jesus weiß geworden? Mein Traum von einer Kirche ohne Rassismus, Ostfildern 2022, 121 ff. Patmos.

AUFGABEN

1. Bilder von Jesus begegnen uns prägend seit unserer Kindheit …
   a) Schließt eure Augen und stellt euch vor, wie ihr euch Jesus vorstellt.
   b) Wie würde es sich für euch anfühlen, wenn es keine weißen Jesusbilder geben würde?
   c) Über die Jahrhunderte hinweg prägte ein weißes Jesusbild die Kunst. Doch wie kam es dazu, dass er weiß wurde? Lest den Text »Wie ist Jesus weiß und Christ geworden?« von Sarah Vecera und arbeitet die Gründe heraus, die zu einem Weißsein Jesu beitrugen.
2. Kinderbibeln begegnen uns von klein auf, um Gott und Jesu Christi Geschichten greifbarer und vorstellbarer zu machen.
   a) Schaut euch die Bilder in einer Kinderbibel eurer Wahl an. Was fällt euch auf? Würdet ihr etwas verändern und wenn ja, was? Begründet eure Aussage.
   b) Vergleicht eure Kinderbibelbilder mit dem Bild »Jesus, der Mond, die Eidechse und die Kinder« von Anna Lisicki-Hehn. Worin unterscheidet sich dieses Bild von den Bildern aus anderen Kinderbibeln? Nehmt dazu begründet Stellung.
   c) Jesus soll insbesondere in Kinderbibeln als Identifikationsfigur für jede Person dienen. Wie sollte eine Kinderbibel in Deutschland dann gestaltet sein? Begründet eure Aussage.

4.7 Critical Whiteness

i

Der britische Künstler Ronald John Pretts (1914–1991) schuf in seinem Leben zahlreiche Kunstwerke, so auch das Buntglasfenster für die Sixteenth Street Baptist Church in Birmingham, Alabama (USA). Die Kirche »war am frühen Sonntagmorgen des 15. September 1963 von einem Ku-Klux-Klan-Mitglied durch einen rassistisch motivierten Bombenanschlag zerstört worden, bei dem vier afroamerikanische Mädchen getötet und 20 weitere Personen verletzt wurden. Als Petts im weitentfernten England im Radio von der Tragödie hörte, war er von der Tat so entsetzt, dass er seine Dienste für ein neues Kirchenfenster zum Gedenken an die verstorbenen Mädchen anbot. Anstatt eines der beschädigten Fenster damit zu ersetzen, wurde das durch walisische Spenden finanzierte Kunstwerk als ein zusätzliches drittes Fensterbild in den Altarraum der Sixteenth Street Baptist Church eingebaut.

Britta Konz/Stephanie Lerke, Critical Whiteness? Ronald John Petts: Wales Window for Alabama, in: Britta Konz/Antje Roggenkamp, Vielgestaltige Christusansichten. Im Theologisieren Unbeachtetes entdecken, Bd. 12: Bibel – Schule – Leben, Berlin 2022, 201–209. LIT.

Ronald John Petts (1964): *Wales Window for Alabama*, Buntglasfenster in Sixteenth Street Baptist Church, Alabama, © Alpha Stock/Alamy Stock Photo (Abbildung in Farbe im Download-Material)

AUFGABEN

Betrachtet das Bild »Wales Window for Alabama« (1964) von Ronald John Petts.

1. Was seht ihr auf dem Bild?
2. Wie ist das Bild aufgebaut?
3. Was für ein Jesusbild zeigt John Petts?
4. Das Bild enthält die blaue Textinschrift: »You Do It To Me«, die Teil der übersetzten Bibelstelle »Wahrlich, ich aber sage euch: Was ihr getan habt einem von diesen meinen geringsten Brüdern, das habt ihr mir getan« (Mt 25,40) ist. Welche Bedeutung hat diese Bibelstelle in diesem Zusammenhang?

Hierzu kann die INTERPRETATIONSHILFE zum Kunstwerk im Download-Material genutzt werden.

5.1 Schöpfung und Gender

»Gott schuf den Menschen zu seinem Bilde, zum Bilde Gottes schuf er ihn; und schuf sie als Mann und Frau.« – Gen 1,27

5.1.1 »Hier ist nicht Mann und Frau«

Die Erschaffung des Menschen im ersten biblischen Schöpfungsbericht. Genesis 1,27 nach Martin Luthers Übersetzung. Es scheint ganz klar zu sein: Gott hat zwei Arten von Menschen geschaffen – Männer und Frauen. Diese Bibelstelle und ihre traditionelle Auslegung hat unsere Kultur geprägt, uns eine zweigeschlechtliche Brille aufgesetzt. [...]

Isolde Karle ist Professorin für Praktische Theologie an der Ruhr-Universität Bochum. Sie forscht über Geschlechterfragen.

Isolde Karle: »Es ist ganz interessant, dass das historisch nicht der Fall ist, sowohl im Mittelalter wie der Antike konnte man sich immer diese In-Betweens vorstellen, die hatten dann unterschiedliche Namen und die hat man unterschiedlich charakterisiert. Aber neuzeitlich ist es dann ganz strikt. Also durch die Entwicklung der Naturwissenschaft denkt man, man könnte das ganz klar unterscheiden, und so liest man auch diesen biblischen Text.«

Die Schöpfungsgeschichte zwingt niemanden, sich in ein Mann-oder-Frau-Schema einzuordnen. In Genesis 1,27 steht mehr, als der erste Blick durch die zweigeschlechtliche Brille glauben macht. »Gott schuf den Menschen ...«, steht dort: Adam, das Erdwesen, das eine, noch undifferenzierte Menschenwesen. »Androgyn schuf er ihn«, heißt es in einer jüdischen Auslegung. Schon immer gibt es Menschen, die – körperlich oder sozial – weder eindeutig Mann noch Frau sind, oder eben beides gleichzeitig. [...]

Es geht in Genesis 1,27 nicht um die Definition von zwei Geschlechtern und auch nicht um ihr Zusammenleben in der Ehe. Isolde Karle meint, der Text handelt von etwas ganz anderem: von der Gottebenbildlichkeit der Menschen. [...] Sowohl Männer wie auch Frauen, beide sind »zum Bilde Gottes« geschaffen. Ein bemerkenswerter Text für die patriarchale Kultur, in der er geschrieben wurde. Der Gedanke von Inklusion und Gleichberechtigung steckt darin: Das Geschlecht macht keinen Unterschied. Männer und Frauen und die dazwischen: Alle Menschen sind zum Bilde Gottes geschaffen. Alle Menschen repräsentieren Gott in der Welt – unabhängig von Chromosomen, Geschlechtsorganen und sozialen Rollen.

»Gott erschuf den Menschen als sein Bild, als Bild Gottes erschuf er ihn. Männlich und weiblich erschuf er sie.« Liest man Genesis 1,27 nach der katholischen Einheitsübersetzung, klingt der Vers anders. [...]

Diese Übersetzung ist außerdem korrekter als »Mann« und »Frau«, denn im Hebräischen stehen die Adjektive »männlich« und »weiblich«. So hat Gott die Menschen geschaffen: Als Ganzheit, mit männlichen und weiblichen Anteilen.

Die Formulierung »männlich und weiblich« nimmt der Apostel Paulus im Neuen Testament auf – allerdings mit einem großen »Nein« davor. In Paulus' Brief an die Gemeinden in Galatien heißt es: »Es gibt nicht mehr Juden und Griechen, nicht Sklaven und Freie, nicht männlich und weiblich; denn ihr alle seid einer in Christus Jesus.«

Galater 3, Vers 28 nach der »Einheitsübersetzung. Paulus' Brief richtet sich an Menschen, deren Leben sich radikal verändert hat – durch die Taufe. Für diese Menschen, die in den christlichen Gemeinden in Galatien ihr neues Leben teilen, hat der Apostel eine Botschaft: Durch Jesus Christus seid ihr frei!

Deutschlandfunk, Hier ist nicht Mann und Frau. Schöpfung, Gemeinschaft und die Genderfrage. Dieser Beitrag der Evangelischen Kirche von Pfarrerin Anne Kampf wurde als »Am Sonntagmorgen« im Deutschlandfunk am 24.02.2019 gesendet, URL: https://rundfunk.evangelisch.de/kirche-im-radio/am-sonntagmorgen/hier-ist-nicht-mann-und-frau-10106.

AUFGABE

1. Der biblische Schöpfungsbericht in Genesis 1,27 ist scheinbar eindeutig. Beschreibt, welche Schwierigkeiten sich für intergeschlechtliche Menschen bei einer traditionellen Auslegung ergeben.
2. Arbeitet aus dem Text heraus, warum stattdessen eine andere Lesart sinnvoll ist. Worin besteht der entscheidende Übersetzungsunterschied zwischen der Luther-Bibel und der Einheitsübersetzung?
3. Untersucht, ob Galater 3,28 ein Bibelvers ist, der gegen Zweigeschlechtlichkeit spricht.

5.2 Die Gefahr der »Geschlechter-Wand«

5.2.1 »Mama, du bist mein Glück«

Daniel Kallauch ist einer der bekanntesten christlichen Kindermusiker und Unterhaltungskünstler. »Mama, du bist mein Glück« ist als »Lied zum Muttertag« gedacht.

5.2.2 »Papa Supermann (Ganz schön stark)«

Der zweite Song von Daniel Kallauch, »Papa Supermann (Ganz schön stark)«, ist ein Loblied auf die Väter.

AUFGABEN

1. Schaut euch die beiden Musikvideos von Daniel Kallauch an und notiert eure Beobachtungen: Wie wird in den Liedern jeweils der Alltag der Mutter und des Vaters beschrieben? Wie bewertet ihr die Rollen, die der Mutter und dem Vater zugewiesen werden?
2. Habt ihr euch auch schon einmal Gedanken über die vermeintlich klassischen Rollenverteilungen gemacht? Wie ist es bei euch zu Hause?
3. Diskutiert, ob kleinen Kindern aus eurer Sicht ausschließlich dieses »Idealbild« einer Familie vermittelt werden sollte oder – stattdessen oder ergänzend – auch andere Familienmodelle erwähnt werden sollten.

i

Der englische Begriff »Gender« beschreibt zunächst das soziale Geschlecht eines Menschen. Da es die Unterscheidung zwischen dem biologischen Geschlecht (»sex«) und dem sozial erworbenen Geschlecht (»gender«) im Deutschen nicht gibt, hat sich auch im hiesigen Sprachraum der englische Begriff durchgesetzt – und führt mancherorts zu Missverständnissen. Dabei besagt die Trennung von »sex« und »gender« zunächst: Die biologischen Geschlechtsmerkmale eines Menschen bestimmen nicht automatisch, ob und wie eine Person ihr Leben als Mann oder Frau in der Gesellschaft gestaltet. Das biologische Geschlecht »sex«, bzw. das, was bei der Geburt ärztlich bestimmt wird, sagt demnach auch noch nichts darüber aus, was in einer Gesellschaft als typisch »weiblich« oder »männlich« bezeichnet wird. Dies gilt in der Regel als Produkt sozialer Aushandlungsprozesse. Bei Transpersonen etwa stimmen »sex« und »gender« nicht überein. Man spricht heute von »geschlechtlicher Vielfalt« und bezeichnet hiermit die vielfältigen Möglichkeiten, als Mann oder Frau eine Rolle innerhalb von Gesellschaften einzunehmen. Der gleichstellungspolitischen Strategie »Gender Mainstreaming« dagegen geht es darum, Menschen unabhängig vom Geschlecht den gleichen Zugang zu Arbeit, Bildung, frühkindlicher Förderung etc. zu gewährleisten. So muss bei jeder öffentlich-rechtlichen Entscheidung geprüft werden, ob durch sie bestehende Ungleichheiten im Zugang der Einzelnen verstärkt werden oder nicht.

Juliane Lang, »Gender« und »Genderwahn« – neue Feindbilder der extremen Rechten, in: bpb-Dossier Rechtsextremismus, 20.11.2017, URL: https://www.bpb.de/themen/rechtsextremismus/dossier-rechtsextremismus/259953/gender-und-genderwahn-neue-feindbilder-der-extremen-rechten/.

5.2.3 »Gegen die Geschlechter-Wand«

Vor ein paar Tagen saß ich mittags mit Kollegen in der Kantine und wollte den dritten Bissen Nudel-Pilz-Auflauf in den Mund schieben, als mein Handy klingelte. Ich erkannte die Nummer sofort: die Kita. »Ihre Kleine hat erhöhte Temperatur, können Sie sie bitte abholen?« Mit vollem Mund rief ich den Vater meiner Tochter an: »Könntest du?« Puh. Ich hatte viel auf dem Zettel für den Nachmittag und war froh, dass ich ihn nicht mit dem fiebernden Kind im Arm auf dem Sofa verbringen musste.

Etwa eine Stunde später klingelte mein Handy wieder. Der Kinderarzt. »Denken Sie an den Termin morgen? Und bitte seien Sie zehn Minuten früher da, damit wir sie noch wiegen und messen können.« Ich bedankte mich für die Erinnerung, als ich aufgelegt hatte, schrieb ich meinem Mann: »Bitte morgen zehn Minuten früher beim Kinderarzt sein.« Er hatte an dem Tag frei und würde unsere Tochter zu dem Routinetermin begleiten. »Klar. Die Bank hat übrigens angerufen, ich hab sie an dich verwiesen«, antwortete er.

Noch während ich die Nachricht las, fing ich an, mich zu ärgern. Nicht darüber, dass er der Bank gesagt hatte, dass sie sich bei mir melden soll. Sondern darüber, dass sie zuerst bei ihm angerufen hatte. Und die Kita und der Kinderarzt zuerst bei mir. Dabei haben wir bei allen drei Institutionen unsere beiden Telefonnummern hinterlegt. Aber für die meisten ist offenbar klar: Wenn das Kind betroffen ist, ist die Frau zuständig, wenn das Geld betroffen ist, der Mann. […]

Darüber kann man schmunzeln, aber wirklich witzig ist das Ganze nicht. Denn es zeigt mir: Du kannst im Privaten so viel für eine gleichberechtigte Partnerschaft und Erziehung tun wie du möchtest, du kannst jenseits von Rollenklischees leben und versuchen, deinem Kind beizubringen, dass Jungs und Mädchen die gleichen Sachen machen können, dass Papa die besseren Spaghetti Bolognese und das Bad putzen und Mama Löcher in die Wand bohren und Fußball spielen kann – irgendjemand kommt immer daher und lässt dich gegen die Geschlechter-Wand prallen.

Das einzige Mittel dagegen ist vermutlich: so weitermachen. Als Vater mit dem Kind zum Arzt gehen und es jeden Tag aus der Kita abholen, als Mutter zeigen, dass man auch außerhalb von Kinderthemen denken kann. Bis das irgendwann für alle völlig normal ist.

Sarah Peschke, Gegen die Geschlechter-Wand, 13.12.2018, URL: https://sz-magazin.sueddeutsche.de/abschiedskolumne/gegen-die-geschlechter-wand-86522.

AUFGABE

Erklärt den Unterschied zwischen »sex« und »gender« auf der Grundlage des Info-Kastens. Setzt diesen in Beziehung zu den Kinderliedern von Daniel Kallauch und dem Text von Sarah Peschke.

5.2.4 Mann erliegt nach Attacke auf Christopher Street Day seinen Verletzungen

Ein Mann ist nach einer Attacke auf dem Christopher Street Day in Münster seinen schweren Verletzungen erlegen. Der 25-Jährige war von einem unbekannten Mann zusammengeschlagen worden, der zuvor Teilnehmerinnen der Versammlung beleidigt und bedroht hatte, woraufhin das Opfer eingeschritten war. »Die Schlichtungsbemühungen des jungen Mannes sollen Auslöser für die Attacke gewesen sein«, hieß es seitens der Polizei und Staatsanwaltschaft. Laut Zeugenaussagen soll der Tatverdächtige die Frauen als »lesbische Hure« beschimpft haben.

Bundesinnenministerin Nancy Faeser schrieb auf Twitter: »Ein junger Mann wird totgeschlagen, weil er anderen helfen wollte. Auf einem #CSD. Mitten in Deutschland. Im Jahr 2022. Das macht mich fassungslos und unendlich traurig. Mein Mitgefühl gilt den Angehörigen von #Malte. Solcher Hassgewalt müssen wir mit aller Härte entgegentreten.« (Twitter-Account von Nancy Faeser, 02.09.2022, URL: https://twitter.com/NancyFaeser/status/1565704985286934529.)

AUFGABE

Lest den Artikel über den tödlichen Angriff auf eine Transperson beim Christopher-Street-Day. Wie sollte eine offene, vielfältige Gesellschaft aussehen, damit so eine Situation verhindert werden könnte?

5.3 »Genderwahn«

5.3.1 »Gender« und »Genderwahn«

Familien- und Geschlechterpolitik sind seit jeher fester Bestandteil der Programme extrem rechter und rechtspopulistischer Organisationen. Dies dient einerseits dazu, die Anhänger zu mobilisieren und zu einen. Andererseits versprechen sie sich hiervon den Anschluss an breitere gesellschaftliche Debatten um Geschlechterrollen und Familienbilder. [...]

Geschlechterpolitiken haben in der extremen Rechten zu allen Zeiten eine Rolle gespielt. Neu dagegen ist das offene Polemisieren gegen »Gender« in feindseligen Kampagnen – mit offensichtlichen Falschbehauptungen und zwei Zielen. Zum einen dienen die Angriffe dazu, eine traditionelle Geschlechterordnung innerhalb der Szene zu verteidigen – und die Einzelnen daran zu erinnern, wie Männer und Frauen angeblich von Natur aus zu sein und zu leben haben. Darüber hinaus geht es der extremen Rechten darum, Einfluss auf gesellschaftliche Debatten zu nehmen. Die Debatten um »Gender« und Gleichstellungspolitik in Deutschland werden kontrovers geführt – und das Spektrum von Gender-Kritikerinnen und -kritikern ist breit. Es reicht von Politikerinnen und Politikern in den großen Volksparteien über Akteure aus Journalismus und Wissenschaft bis zu antifeministischen Männerrechtsgruppen, radikalen Abtreibungsgegnern und christlich-fundamentalistischen Gruppen.

Die extreme Rechte sucht den Anschluss an all jene Akteure. So merkte eine Aktivistin aus dem Spektrum der Neonazi-Kameradschaften vor Jahren in einem Interview an, sie finde es »erstaunlich, wie gerade sehr religiöse Menschen den ›Versuchungen‹ der Gender-Ideologie trotzen« und sagte weiter: »Viele streng katholische Familien sind meines Erachtens weiter im Umgang mit dem Gender Mainstreaming, als große Teile der nationalen Opposition«. Die Polemik gegen »Gender« dient der extremen Rechten also nicht nur zur Mobilisierung in den eigenen Reihen. Sie strebt den Schulterschluss mit anderen Akteuren an, indem sie versucht, Begriffe wie »Genderwahn« oder »Gender-Terror« in öffentlichen Debatten als Kampfbegriffe mit eigener Agenda zu verankern. Lässt man die Diskurse um den Begriff »Gender« aus den vergangenen Jahren Revue passieren, so zeigt sich, dass der Anschluss in Richtung der Mitte der Gesellschaft punktuell gelungen ist. [...]

Allein die Vorstellung einer umfassenden Gleichberechtigung von Mann und Frau und eine größere Freiheit bei der Wahl von Geschlechterrollen bedroht einen Kern extrem rechten Denkens. Die extreme Rechte geht aus von einer völkischen Geschlechterordnung, in der Männer und Frauen durch ihr biologisches Geschlecht ihre Rolle in der gedachten Volksgemeinschaft zugewiesen wird: Frauen sind in erster Linie für die Sorge um den Nachwuchs zuständig, Männer für die Verteidigung des angeblich angestammten Lebensraumes. Jede Infragestellung der »Natürlichkeit« von Geschlecht kommt daher einer Infragestellung der völkischen Ordnung als Ganzes gleich. Dass Personen aus den ihnen zugewiesenen (Geschlechter-)Rollen ausscheren, wird zur Bedrohung der (Volks-)Gemeinschaft erklärt. Dies schließt nicht aus, dass einzelne Frauen und Männer sich über die ihnen traditionell zugedachte Rolle hinaus betätigen und zum Beispiel Frauen als politische Aktivistinnen in Erscheinung treten. Sie werden jedoch stets daran gemessen, ob sie zunächst ihrer Geschlechterrolle entsprechend handeln (also beispielsweise Kinder in heterosexuellen Beziehungen gebären) – Abweichungen werden teilweise harsch geahndet.

Juliane Lang, »Gender« und »Genderwahn« – neue Feindbilder der extremen Rechten, in: bpb-Dossier Rechtsextremismus, 20.11.2017, URL: https://www.bpb.de/themen/rechtsextremismus/dossier-rechtsextremismus/259953/gender-und-genderwahn-neue-feindbilder-der-extremen-rechten/.

AUFGABE

1. Untersucht den Text von Juliane Lang: Welche Akteur*innen stecken hinter der »Genderkritik«? Wie argumentieren diese gegen die Geschlechtergerechtigkeit? Wie bewertet ihr diese Argumentation?
2. Wendet die Beobachtungen, die ihr aus Juliane Langs Text entnommen habt, anschließend bei der exemplarischen Analyse des Textes von Eberhard Kleina (5.3.2) an.

5.3.2 »Umerziehung« und »Beherrschung« durch den »Genderwahn«?

Die GM[»Gender Mainstreaming«]-Ideologie bezeichnet Unterschiede zwischen Mann und Frau abwertend als »Geschlechterstereotype«, die abgeschafft werden müssen. Der Mensch soll völlig umgebaut, eben neu erfunden werden, der Schöpfer scheint sich geirrt zu haben, ein vermessenes Unterfangen. Auch die herkömmliche Familie wird bei GM abgeschafft bzw. völlig neu definiert. […] Im Klartext heißt das: In einer familienähnlichen Gruppe, die zusammenlebt, gibt es nicht ausschließlich mehr die Beziehung zwischen einem Mann und einer Frau, die sich lieben, sondern Partnertausch ist möglich und Bisexualität sowie Homosexualität. […]

War schon der 5.9.2015 ein schwarzer Tag für unser Volk, als Millionen sog. »Flüchtlinge« nach einer grundgesetzwidrigen Öffnung der deutschen Grenzen illegal und ungehindert in unser Land strömten, meist Moslems, und unser Land dauerhaft immer islamischer machen, so ist der 30.6.2017 nun ein weiterer schwarzer Tag für unser Volk, aber ein großer Sieg für die Homo-Lobby und GM. Die normale Ehe dürfte zunehmend weiter entwertet werden. Nach den adoptierten Kindern in einer »Homo-Ehe« fragt offenbar niemand, das ist politisch nicht korrekt. […] Man muß es so deutlich sagen: Unsere eigenen Politiker haben unser Volk in eine existenzgefährdende Lage manövriert: Auf der einen Seite gefährdet GM das gesellschaftliche und familiäre Fundament des Staates und des Volkes durch Infragestellung der herkömmlichen Familie. Auf der anderen Seite schreitet die Islamisierung unseres Landes zügig voran und bereitet schon jetzt große Probleme. […] Selbstverständlich halten sich fast alle Medien an die von GM verordnete Sprachregelung, nur »rechte und populistische« Außenseiter widersetzen sich hartnäckig. Da gerät man allerdings schnell in den Verdacht, frauenfeindlich zu sein, ein Patriarch und Macho. Und so ducken sich dann die meisten und befleißigen sich der frauengerechten Sprache. Viele Medienleute verwenden allerdings auch aus Überzeugung die korrekte Sprache, da sie zu gut zwei Dritteln linksorientiert sind. Interessant wäre ja einmal zu erfahren, wer die neue Sprache angeordnet hat. Gibt es ein Sprachministerium? Ist es demokratisch beauftragt? Jede Sprache hat sich über viele Generationen hin entwickelt und entwickelt sich weiter, die Bevormundung ist unerträglich. Frauengerechte Sprache durchzusetzen, ist nichts weiter als eine Sprachdiktatur, eine kleine Gruppe von GM-Ideologen will eine Mehrheit von geschätzt 90 Prozent der Bevölkerung zwingen, sich nach ihren Regeln zu artikulieren. Dem muß man sich nicht unterordnen […].

Allein schon die Ahnenreihe der GM-Ideologen, wie Karl Marx, Simone de Beauvoir, Dr. John Money und andere, müßte in den Kirchen auf eine tiefe Skepsis stoßen, ebenso die unbiblische Bestrebung, die Ehe aus Vater, Mutter und Kindern zu zerstören bzw. zu relativieren. Aber auch andere Forderungen von GM, etwa die Förderung von Kindestötungen vor deren Geburt, müßten ein kirchliches »Nein« geradezu herausfordern. […]Auf breiter Front unterstützt die EKD und mehr oder weniger deutlich alle Evangelischen Landeskirchen die GM-Ideologie. Das ist zwar schon lange bekannt, wurde aber in der Öffentlichkeit noch einmal besonders deutlich sichtbar anläßlich der »Ehe für alle«. […]

Eberhard Kleina, Der Genderwahn – Wie eine unsinnige Ideologie uns umerziehen und beherrschen will, Lage 2017, Lichtzeichen Verlag. URL: https://agwelt.de/2017-10/der-genderwahn-wie-eine-unsinnige-ideologie-uns-umerziehen-und-beherrschen-will/.

5.3.3 Vermeintliches »Erklärvideo« der Demo für Alle

Die »Demo für Alle« ist ein gender- und homosexuellenfeindliches Bündnis, das unter dem Dach der »Initiative Familienschutz« der AfD-Politikerin Beatrix von Storch gegründet wurde. Als Erklärvideo getarnt, verbreitet der professionell wirkende Clip gezielt Falschinformationen über Gender.

Demo für Alle:
Gender erklärt in weniger
als drei Minuten

AUFGABEN

1. Stellt euch vor, ein*e Mitschüler*in soll ein Referat über Gender halten. Sie*er macht es sich bei der Recherche einfach und stößt dabei auf das Video von »Demo für Alle« – und ist erleichtert: Das Video ist schön kurz und sieht recht professionell aus. Worin besteht die Gefahr, wenn Schüler*innen auf dieses Video hereinfallen? Vergleicht es mit dem Infokasten (5.2) und dem Text von Juliane Lang und zeigt auf, welche Fehlinformationen der Clip über Gender verbreitet.
2. Produziert ein eigenes kurzes Erklärvideo zum Thema »Gender«, z. B. mit dem Tool »Simple Show«. Denkt dabei an die Beispiele aus diesem Kapitel sowie die Definition im Info-Kasten, um zu zeigen, warum das Eintreten für eine vielfältige Gesellschaft wichtig ist.

5.4 Diskriminierung von Homosexuellen und »Heilbarkeit« von Homosexualität

5.4.1 »Hier laufen doch Kinder rum«

AUFGABEN

1. Schaut euch in der aktuellen Studie der »Gruppenbezogenen Menschenfeindlichkeit« (vgl. Kapitel 1) und ggf. weiteren aktuellen Statistiken an, inwiefern auch die Abwertung von homosexuellen Menschen ein gesellschaftliches Problem darstellt.
2. In einem Beitrag des Magazins »Jetzt« der Süddeutschen Zeitung, aus dem auch das Bild rechts stammt, heißt es: »Und auch Lukas aus Köln muss sich regelmäßig Sprüche anhören, wenn er mit seinem Freund unterwegs ist. ›Ekelhaft!‹ oder ›Hier laufen doch Kinder rum!‹ werfen völlig fremde Leute dem 18-jährigen Kölner an den Kopf. Wenn er einen Tag lang in der Innenstadt verbringe, dann kämen solche Sprüche zwei oder drei Mal, sagt Lukas.« Nehmt Stellung zu der Diskriminierung, die Lukas und andere gleichgeschlechtliche Paare im öffentlichen Raum erfahren.
3. Diskutiert vor diesem Hintergrund, ob ihr Deutschland als homophobes Land einstufen würdet (vgl. dazu auch die Erläuterung von »Homophobie« auf S. 49).

Illustration: Lucia Götz. In: Philip Raillon, Deutschland, ein tolerantes Land – oder?, 15.03.2017, URL: https://www.jetzt.de/lgbt/diskriminierung-von-homosexuellen-in-deutschland.

5.4.2 »Gott kann verändern«

Paulus schreibt, dass Homosexuelle aus Korinth durch den Namen Jesu und die Kraft des Heiligen Geistes reingewaschen, geheiligt und gerechtfertigt wurden. Damit sagt er, dass eine Veränderung des Denkens, des Wollens und des Fühlens nötig und möglich ist. […]

Die Welt propagiert das Ausleben homosexueller Gefühle und Begierden, weil sie Gottes Möglichkeiten nicht kennt. Wer aber den Geist Gottes empfängt, darf Denken, Wollen, Fühlen und Begehren in eine andere Richtung lenken, nämlich hin zu Christus und seinem Wort. […]

Es wäre ein völlig falsches Signal, wenn wir in unseren Gemeinden gleichgeschlechtliche Partnerschaften akzeptieren und entsprechende Segens- und Trauhandlung einführten. Zum einen würden wir gegen Gottes Wort verstoßen und das Gericht Gottes auf uns ziehen. Zum anderen würden wir aber auch den Betroffenen die geistliche Kraft rauben, den Kampf gegen die homosexuelle Anfechtung und für ein Leben in Gehorsam zu kämpfen.

Johann Hesse (Hg.), Gott kann verändern. Drei Lebensberichte über die Neuausrichtung der Sexualität, Walsrode 2020, 20–23. Gemeindehilfsbund.

5.4.3 Reportage über »Schwulenheiler«

In der Reportage »Die Schwulenheiler« interviewt der homosexuelle NDR-Reporter Christian Deker Teilnehmer*innen einer Veranstaltung der »Demo für Alle« (vgl. Kapitel 5.3) und besucht eine evangelikale Veranstaltung, bei der die Heilbarkeit von Homosexualität verkündet wird.

5.4.4 Verbot von sogenannten Konversionstherapien

Pressemitteilung vom 7. Mai 2020

Medizinische Interventionen, die darauf gerichtet sind, die sexuelle Orientierung oder die selbstempfundene geschlechtliche Identität einer Person gezielt zu verändern oder zu unterdrücken (sogenannte Konversionstherapien) und das Werben hierfür sollen künftig verboten werden. Das ist Ziel des »Gesetzes zum Schutz vor Konversionsbehandlungen«, das der Bundestag heute in 2./3. Lesung beschlossen hat. Verstöße sollen mit einer Freiheitsstrafe von bis zu einem Jahr oder einem hohen Bußgeld geahndet werden.

Bundesgesundheitsminister Jens Spahn: »Homosexualität ist keine Krankheit. Daher ist schon der Begriff Therapie irreführend. Wir wollen sogenannte Konversionstherapien soweit wie möglich verbieten. Wo sie durchgeführt werden, entsteht oft schweres körperliches und seelisches Leid. Diese angebliche Therapie macht krank und nicht gesund. Das Verbot ist auch ein wichtiges gesellschaftliches Zeichen an alle, die mit ihrer Homosexualität hadern: es ist ok, so wie du bist.« [...]

In Deutschland gibt es Organisationen, die immer noch die Überzeugung vertreten und verbreiten, nicht heterosexuelle Orientierungen (z. B. Homo- oder Bisexualität) oder abweichende Geschlechtsidentitäten (z. B. Transgeschlechtlichkeit) seien eine »Krankheit« und behandlungsbedürftig. Sie bieten sog. Konversionstherapien an, die darauf abzielen, die sexuelle Orientierung oder die selbstempfundene geschlechtliche Identität einer Person gezielt zu verändern oder zu unterdrücken.

Die Weltgesundheitsorganisation hat erklärt, dass Homosexualität und Transgeschlechtlichkeit keine Krankheit sind und keine Indikation für eine »Therapie« besteht. Der Weltärztebund hat 2013 sog. Konversionstherapien als Menschenrechtsverletzung und als mit der Ethik ärztlichen Handelns unvereinbar verurteilt und der Deutsche Ärztetag hat 2014 vor den negativen Auswirkungen auf die Gesundheit gewarnt. [...]

Keine der bekannten Studien lässt den Schluss zu, dass die sexuelle Orientierung dauerhaft verändert werden kann. Wissenschaftlich nachgewiesen sind aber schwerwiegende gesundheitliche Schäden durch solche »Therapien« wie Depressionen, Angsterkrankungen, Verlust sexueller Gefühle und ein erhöhtes Suizidrisiko. Nachgewiesen sind zudem Stigmatisierungs- und Diskriminierungseffekte auf Dritte in Form von Minderheitenstress.

Bundestag beschließt weitreichendes Verbot von sogenannten Konversionstherapien, URL: https://www.bundesgesundheitsministerium.de/presse/pressemitteilungen/2020/2-quartal/beschluss-verbot-konversionstherapien.html.

AUFGABEN

4. Was fordert Johann Hesse von Homosexuellen hinsichtlich ihres Empfindens und von den kirchlichen Gemeinden hinsichtlich des Umgangs mit Menschen in gleichgeschlechtlichen Partnerschaften? Wie steht ihr zu seinen Aussagen?
5. Schaut euch die Reportage »Die Schwulenheiler« bis 6.22 Min. an. Die dort gezeigte Demonstrantin erklärt zu Homosexualität: »Nein, die ist nicht natürlich. Es ist ein ganz kleiner Prozentsatz von Leuten, die abnorm geartet sind. Es gibt auch Kälber, die mit zwei Köpfen geboren werden oder sonst missgebildete Kreaturen, und da gehören die meines Erachtens auch zu.« Was haltet ihr von diesem Vergleich und wie bewertet ihr die Aussagen der anderen interviewten Personen?
6. Sowohl Johann Hesse als auch der in der Reportage gezeigte Arzt und Prediger Arne Elsen behaupten eine Heilbarkeit von Homosexualität. Durchgeführt werden soll diese mithilfe sogenannter Konversationstherapien, die der Deutsche Bundestag 2020 weitreichend verboten hat. Zeigt mithilfe der Pressemitteilung des Bundesministeriums für Gesundheit auf, warum diese Konversationstherapien problematisch und gefährlich sind.

Das Fremdwort »Homophobie« heißt übersetzt Feindseligkeit gegenüber Menschen, die homosexuell, also schwul oder lesbisch sind, oder eine andere sexuelle Orientierung haben. Menschen, die homophob eingestellt sind (so heißt das Adjektiv vom Wort »Homophobie«), sind ablehnend bis feindlich gegenüber homosexuellen Menschen. Sie äußern sich abwertend und verhöhnen homosexuelle Menschen durch hässliche Bemerkungen, Witze und Sprüche. Homophobe Menschen glauben, dass alle Menschen heterosexuell sein sollten. Das bedeutet: Männer sollten nur mit Frauen und Frauen nur mit Männern eine sexuelle Beziehung haben. Homophobe Menschen lehnen andere sexuelle Orientierungen grundsätzlich ab.

Gerd Schneider/Christiane Toyka-Seid: Das junge Politik-Lexikon von www.hanisauland.de, Bonn: Bundeszentrale für politische Bildung 2023, URL: https://www.bpb.de/kurz-knapp/lexika/das-junge-politik-lexikon/320495/homophobie.

5.4.5 Warum dürfen Christ*innen zur Feindlichkeit gegen Homosexuelle nicht schweigen?

Auch christliche Kirchen haben mit ihrer ablehnenden Haltung gegenüber Homosexualität in den vergangenen Jahrhunderten großen Anteil daran, dass homosexuelle Menschen gedemütigt, ausgegrenzt, verfolgt oder gar ermordet wurden. […] Noch heute neigen religiöse Menschen deutlich mehr zu feindlichen Einstellungen gegenüber Homosexuellen als nichtreligiöse […].

In der kirchlichen Diskussion wird häufig auf wenige Textstellen in der Bibel verwiesen. »Du sollst nicht bei einem Manne liegen, wie man bei einer Frau liegt« (Lev. 18,22; 20,13). Ein Ordnungsgefüge, das durch die Orientierung an den Maßstäben des Menschensohnes Christus in christlichen Gemeinden seine Bedeutung verloren hat, wird vielfach noch immer zur Ausgrenzung von Lesben und Schwulen genutzt. Insbesondere Paulus wird für diskriminierende und feindliche Haltungen gegenüber Homosexualität und homosexuellen Menschen herangezogen (Röm. 1, 26–27; 1.Tim. 1,9–10; 1. Kor. 6,9). […]

Das Kriterium, das uns beim Verstehen der Bibel, bei der Suche nach ihrem inhaltlichen Zentrum, helfen kann, ist die rechtfertigende Gnade Gottes in Christus. Paulus selbst stellt klar: »Er hat uns fähig gemacht, Diener des Neuen Bundes zu sein, nicht des Buchstabens, sondern des Geistes. Denn der Buchstabe tötet, der Geist aber macht lebendig.« (2. Kor. 3,6) […]

Der manchmal in diesem Zusammenhang zitierte Satz aus dem JohannesEvangelium »Einer von seinen Jüngern lag an Jesu Brust, der, den Jesus lieb hatte« (Joh. 13,23) zeigt uns darüber hinaus auf, dass Jesus keine Berührungsängste zu Menschen des gleichen Geschlechts gehabt hat und ihnen innig verbunden hat sein können. […]

Wenn also Gott alle Menschen »nach seinem Bilde schuf« (Mose 1,27), wie kann dann ihre ggf. gleichgeschlechtliche Liebe eine Sünde sein?

Bundesarbeitsgemeinschaft Kirche und Rechtsextremismus, Feindlichkeit gegenüber Homosexuellen, URL: https://bagkr.de/wp-content/uploads/2018/07/3_Feindlichkeit-gg%C3%BC-Homosexuellen_web_neu_2017.pdf.

AUFGABEN

1. Warum sieht die Bundesarbeitsgemeinschaft Kirche und Rechtsextremismus eine besondere Verantwortung von Christ*innen, zur Feindlichkeit gegen Homosexuelle nicht zu schweigen?
2. Was wird in dem Text als Kriterium bei dem Verstehen der Bibel genannt? Welche Folgen hat das für eine homosexuellenfeindliche Auslegung der zuvor genannten Verse?
3. Fallen euch noch weitere Bibelstellen ein, die ihr – vermeintlich »biblisch« begründeten – Haltungen gegenüber Homosexualität und homosexuellen Menschen entgegensetzen könnt?

5.5 Abtreibungen in der Debatte

5.5.1 Zitate zum Thema »Abtreibung«

Eigentlich gehört die Regelung des Schwangerschaftsabbruchs nicht ins Strafgesetz, sondern in die sittliche Entscheidung der Mutter.

(Hans Saner, Geburt und Phantasie. Von der natürlichen Dissidenz des Kindes, Basel 1995, 73. Lenos)

Alles, was man über Abtreibung wissen muss, steht im 5. Gebot. Das Leben beginnt mit der Verschmelzung von Ei- und Samenzelle, auch ungeborene Kinder sind Menschen, die man nicht töten darf.

(Christoph Schönborn 2007, zit. n. DerStandard, URL: https://www.derstandard.at/story/2754609/schoenborn-ueber-klinik-empoert---aber-keine-exkommunikation-lugners)

Es ist bezeichnend: Wo der Mensch sich nicht relativieren und eingrenzen läßt, dort verfehlt er sich immer am Leben: zuerst Herodes, der die Kinder von Bethlehem umbringen läßt, dann unter anderem Hitler und Stalin, die Millionen Menschen vernichten ließen, und heute, in unserer Zeit, werden ungeborene Kinder millionenfach umgebracht.

(Joachim Meisner 2005, zit. n. Morgenpost, URL: https://www.morgenpost.de/printarchiv/politik/article103804373/Abtreibung-mit-Holocaust-verglichen.html)

Frauen haben ein Recht auf gesundheitliche Unversehrtheit und Selbstbestimmung über ihren Körper.

(Gabriele Heinisch-Hosek 2009, zit. n. OTS, URL: https://www.ots.at/presseaussendung/OTS_20090828_OTS0238/heinisch-hosek-frauen-haben-ein-recht-auf-gesundheitliche-unversehrtheit-und-selbstbestimmung-ueber-ihren-koerper)

5.5.2 »Abtreibungen in der Debatte«

Der Begriff »Schwangerschaftsabbruch« taucht erstmalig Ende der 1960er Jahre auf und scheint politischer Rhetorik geschuldet zu sein. »Abtreibung«, in der jüngeren deutschen Geschichte und der Gegenwart eher als politischer Kampfbegriff wahrgenommen, war über Jahrhunderte der gängige Begriff für den Vorgang des willentlichen Abbruchs einer (ungewollten) Schwangerschaft. Erst ab Mitte des 20. Jahrhunderts wurde der Begriff »Abtreibung« nicht mehr in seiner eigentlichen Neutralität, sondern tendenziös verwendet. So wurde beispielsweise sowohl in Gesetzestexten als auch in Zeitungsartikeln in der DDR unterschieden zwischen der legitimen »Unterbrechung« einer Schwangerschaft und einer illegalen »Abtreibung«, die von »Kurpfuschern« vorgenommen wurde. Die westdeutsche Frauenbewegung beharrte darauf, den Begriff affirmativ zu verwenden und von Abtreibung zu sprechen und zu schreiben, wenn es um den Abbruch einer Schwangerschaft ging, und etablierte Abtreibung geradezu als feministischen Kampfbegriff. Gegenwärtig hat der Begriff dadurch eine widersprüchliche Konnotation: Einerseits wird er in konservativen bis hin zu fundamental-religiösen Zusammenhängen eindeutig ablehnend und auch abwertend gebraucht (»Abtreibung ist Mord«). Andererseits spielte und spielt er wieder eine wichtige Rolle in emanzipatorisch-feministischen Zusammenhängen (»Abtreibung ist ein Menschenrecht«).

Katja Krolzik-Matthei, Abtreibungen in der Debatte in Deutschland und Europa, in: APuZ 20/2019, 4–11, 5. bpb.

AUFGABEN

1. Nehmt Stellung zu den unterschiedlichen Aussagen zum Thema »Abtreibung«. Welchen stimmt ihr zu?
2. Wie beschreibt Katja Krolzik-Matthei die Entwicklung des Begriffs »Abtreibung« und die beiden Pole der widersprüchlichen Konnotation, die er gegenwärtig hat?

5.5.3 Abtreibungsgegner*innen

Die Reportage »Abtreibungsgegner – So üben sie Druck auf Schwangere aus« von Carla Reveland, Kristina Weitkamp und Vincent Brügel gibt Einblicke in die sogenannte Lebensschutz-Bewegung.

5.5.4 Abschaffung von Paragraph 219a

Pressemitteilung vom 8. Juli 2022

Der Bundesrat hat die Aufhebung des Werbeverbots für Abtreibungen ohne Einwände passieren lassen. Ärztinnen und Ärzte dürfen künftig öffentlich darüber informieren, dass und mit welcher Methode sie Abtreibungen durchführen. Schwangere sollen so einfacher als bisher Ärzte für eine Abtreibung finden können.

Wenn eine Frau in Deutschland ungewollt schwanger wird und das Kind nicht behalten will, kann sie die Schwangerschaft nach einer Beratung in den ersten zwölf Wochen von einem Arzt beenden lassen. Geregelt wird dies im Strafgesetzbuch. Dort ist auch festgelegt, dass Mediziner für Schwangerschaftsabbrüche nicht »werben« dürfen. Abschließend hat nun der Bundesrat das vom Bundestag bereits beschlossene Gesetz zur Aufhebung des Werbeverbots für Abtreibungen ohne Einwände passieren lassen.

Der Paragraf 219a StGB verbietet bisher die »Werbung für den Abbruch der Schwangerschaft«. Als »Werbung« im Sinne des Gesetzes gelten schon ausführliche Informationen über verschiedene Methoden des Schwangerschaftsabbruchs sowie die damit jeweils verbundenen Risiken. Als Strafmaß drohen eine Geldoder eine Freiheitsstrafe von bis zu zwei Jahren. […]

Das Gesetz schafft Sicherheit bei zwei Punkten: Zum einen müssen Ärztinnen und Ärzte bzw. Einrichtungen, die Schwangerschaftsabbrüche im gesetzlichen Rahmen vornehmen, künftig nicht länger mit strafrechtlicher Verfolgung rechnen, wenn sie sachliche Informationen über Ablauf und Methoden eines Schwangerschaftsabbruchs – etwa auf ihrer Homepage – bereitstellen. Zum anderen erhalten betroffene Frauen so leichter Zugang zu sachgerechten fachlichen Informationen. Auch das Auffinden eines geeigneten Arztes oder einer geeigneten Ärztin wird erleichtert.

Bundesregierung, Aufhebung des § 219a beschlossen, URL: https://www.bundesregierung.de/breg-de/suche/paragraph-219a-2010222.

AUFGABEN

1. Was waren eure Empfindungen bei der Sichtung des Filmes? Gibt es etwas, das euch irritiert, emotional bewegt oder verärgert hat?
2. Mit welchen Methoden arbeiten die Vertreter*innen der »Lebensschutz«-Bewegung und wie bewertet ihr diese? Nehmt dabei auch Stellung zu Vergleichen von Schwangerschaftsabbrüchen mit den NS-Massenverbrechen, wie sie bereits im Zitat von Joachim Meisner, aber auch im Film bei den Verantwortlichen von »Babycaust« zu finden waren.
3. Inwieweit spiegeln sich die Positionen, die Katja Krolzik-Matthei beschreibt, in dem Film wider? Was hat es mit dem (mittlerweile abgeschafften) § 219a auf sich?

5.5.5 Für einen seriösen Lebensschutz

Im Vordergrund stehen einerseits Frauen, die so tun, als sei das werdende Leben lediglich Teil des »eigenen Bauchs«, und andererseits radikale Lebensschützer, die Frauen vor Abtreibungskliniken auflauern oder Abtreibungsärzte anzeigen. Eine der Thematik angemessene, empathische und vor allem differenzierte Debatte, die sowohl die schwangere Frau als auch das werdende Leben im Blick hat, findet kaum statt. Das führt leider dazu, dass diejenigen seriösen Lebensschutzorganisationen, die sowohl auf die Frau als auch das ungeborene Kind blicken und sich demgemäß von radikalen Verhaltensweisen distanzieren, zwischen den beiden Polen zerrieben werden, was man vor allem daran sieht, dass ihre Existenz und Arbeitsweise in den Medien kaum thematisiert wird. Dieser seriöse Lebensschutz, wie er zum Beispiel in kirchlichen Einrichtungen wie der »Bischöflichen Stiftung für Mutter und Kind« im Bistum Speyer praktiziert wird, hat es somit derzeit schwer, nach außen durchzudringen. Hinzu kommt, dass die Abtreibungskritik zunehmend von rechtspopulistischen Bewegungen und Parteien gekapert wird, die deutschnationale Interessen mit dem Thema vermengen, indem sie die Abtreibung von »deutschen« Embryonen beklagen. Das zeigt sich etwa in Slogans wie »Ein Volk stirbt im Mutterleib«. Und findet sich wenig überraschend auch im Grundsatzprogramm der AfD. In diesem wird zwar generell Kritik an Abtreibungen geübt, diese wird aber mit deutschnationaler Bevölkerungspolitik verquickt, etwa wenn unter dem Stichpunkt »Mehr Kinder statt Masseneinwanderung« die hohen Abtreibungszahlen beklagt und stattdessen eine »aktivierende Familienpolitik« zugunsten der »einheimischen Bevölkerung« gefordert wird. Gerade bei Christen, die jedes werdende Leben als Geschöpf Gottes ansehen, sollten bei solch einer Verquickung alle Alarmglocken schrillen.

Angesichts dieser Vereinnahmung des Themas von Rechtsaußen ist es medial umso wichtiger, auf den seriösen christlichen Lebensschutz aufmerksam zu machen. Das Anliegen derjenigen Organisationen, die sich für diesen einsetzen, besteht darin, ungewollt schwangeren Frauen, die einen Abbruch vornehmlich aus Gründen erwägen, die in ihrer Lebenssituation liegen (medizinische und kriminologische Indikation hier ausgenommen), zu ermutigen, sich für das Kind zu entscheiden. Dies heißt nicht notwendigerweise, die Mutterrolle anzunehmen. Auch das Austragen des Kindes mit anschließender Freigabe zur Adoption ist eine Möglichkeit.

Der seriöse Lebensschutz hat, und das ist der wesentliche Unterschied zu der »Mein Bauch gehört mir«-Fraktion, auch den werdenden Menschen im Blick, der der Entscheidung der Schwangeren hilflos ausgeliefert ist. [...]

Wichtig ist und bleibt bei alldem, die Schwangere stets zur Austragung des Kindes zu ermutigen, ohne sie aber fallenzulassen oder ihr emotional zuzusetzen, wenn sie sich letztlich doch dagegen entscheidet. Diesen Ansatz gilt es verstärkt in den Fokus zu rücken, um so den Lebensschutz vor den radikalen Abtreibungsgegnern zu schützen, deren Kernkompetenz in Angstmache und Verurteilung besteht.

Liane Bednarz, Für einen seriösen Lebensschutz, in: APuZ 20/2019, 29–30. bpb.

AUFGABEN

1. Zeigt mithilfe des Textes von Liane Bednarz auf, wie die Abtreibungsdebatte rechtspopulistisch vereinnahmt wird.
2. Welche Alternative zu den beiden bekannten Polen in der Debatte führt Liane Bednarz ins Feld?

6.1 Corona und Verschwörungserzählungen

6.1.1 »Der Corona-Soundtrack«

Der Videoclip »Der Corona-Soundtrack – Best Of ›Hygienedemos‹« von Spiegel TV bietet einen Querschnitt der Verschwörungserzählungen im Zuge der Coronapandemie.

6.1.2 Verschwörungserzählungen und Antisemitismus

Selbstverständlich existierten auch vor der Coronapandemie Verschwörungserzählungen. Jedoch haben sie sich [...] verstärkt verbreitet, nachdem im Frühjahr 2020 Menschen, die sich als Coronarebellen oder Querdenker bezeichnen, begannen, gegen tatsächliche und imaginierte staatliche Maßnahmen im Zuge der Coronakrise zu protestieren.

Nicht zuletzt in den sozialen Medien verbreiten sich Verschwörungserzählungen in Wort und Bild zunehmend rasanter und erreichen im Zuge der »Corona-Proteste« auch immer mehr Menschen, die vor der Pandemie wenig verschwörungsideologisch geprägt waren. Laut einer repräsentativen Umfrage der Friedrich-Naumann-Stiftung vom Juli 2020 glauben 16 Prozent der Einwohner:innen in Deutschland, dass Bill Gates allen Menschen Mikrochips einpflanzen wollen würde. [...]

Verschwörungserzählungen oder Verschwörungsmythen sind aus ihrer inneren Logik heraus faktenresistent, wenn die Gläubigen von ihnen wirklich überzeugt sind: Fakten, die der Erzählung widersprechen, werden entweder schlicht ausgeblendet, oder aber sie werden in die Erzählung integriert. Häufig wird dann gesagt, eine Aussage oder ein Faktum sei als Ablenkungsmanöver von den Verschwörern gezielt getätigt oder geschaffen worden, um die vermeintliche Verschwörung besser zu tarnen und nicht auffliegen zu lassen. Deshalb ist eine argumentative Auseinandersetzung mit Anhänger:innen von Verschwörungserzählungen nicht in dem Sinne zielführend, dass sie allein durch Fakten vom Glauben an die Verschwörung ablassen würden. [...]

Die Denkstruktur von Verschwörungserzählungen funktioniert analog zu jener des Antisemitismus. Eine vermeintliche kleine, geheim agierende Elite, die für »das Volk« Böses, für sich selbst aber Profit, Macht und Kontrolle wolle, steuere die Geschicke der Welt. Früher oder später tritt dann häufig zu dieser Struktur das historisch überlieferte »Wissen« über die angebliche Macht der Juden hinzu, das sich seit dem Vorwurf des Gottesmordes durch die Geschichte zieht. Entweder sind also Verschwörungserzählungen ohnehin schon antisemitisch, oder sie sind aufgrund dieser strukturellen Gleichheit mit dem Antisemitismus sehr anschlussfähig für offenen Antisemitismus.

RIAS Bayern, »Das muss man auch mal ganz klar benennen dürfen« Verschwörungsdenken und Antisemitismus im Kontext von Corona, München ²2021, 3–9

AUFGABEN

1. Welche Themen, Behauptungen oder Verschwörungserzählungen werden im Videoclip von den Demo-Teilnehmer*innen genannt?
2. Seid ihr (Corona-)Verschwörungsglauben im eigenen Umfeld begegnet?
3. Diskutiert mithilfe des Textes von RIAS Bayern, wie Verschwörungserzählungen funktionieren, was sie so gefährlich macht und wie damit umgegangen werden sollte.
4. Zeigt anhand der Beispiele auf der folgenden Seite (6.1.3) den im Text von RIAS Bayern genannten Zusammenhang von Verschwörungserzählungen und Antisemitismus auf.

6.1.3 Beispiele: Verschwörungserzählungen im Kontext der Coronapandemie

Adrenochrom-Erzählung

Adrenochrom ist ein Stoffwechselprodukt von Adrenalin im menschlichen Körper und kann auch im Labor künstlich hergestellt werden. In verschwörungsideologischen Kreisen kursiert allerdings die Erzählung, es gäbe ein geheimes Netzwerk von Eliten, das Kinder entführen, in unterirdischen Tunneln gefangen halten und foltern würde, um ihnen das durch Angst ausgeschüttete Adrenochrom aus der Blutbahn abzuzapfen. Nicht zuletzt eine auch als »satanisch« bezeichnete »Hollywoodelite« würde Adrenochrom als Droge zur eigenen Verjüngung einsetzen. […] Das angebliche Abzapfen eines Stoffwechselprodukts aus der Blutbahn von Kindern ist eine modernisierte Version der jahrhundertealten antisemitischen Ritualmordlegende. Seit dem Mittelalter kursiert das Gerücht, Juden würden christliche Kinder ermorden und deren Blut zum Einbacken in ihre Mazzen (ungesäuertes Brot), für Zauberei oder zur Heilung ihnen angeblich angeborener Leiden verwenden.

Marionetten, Strippenzieher

Verschwörungserzählungen gehen von einer kleinen verschworenen Gruppe oder Einzelpersonen aus, die im Geheimen die gezielte Schädigung der Bevölkerung plane. Diese Personen werden oft als Strippenzieher bezeichnet, die »in Wahrheit« hinter Regierungen, Politikern oder den Medien – den »gesteuerten Marionetten« – stünden.

Diese Einteilung in simple gut-böse-Strukturen wehrt die Tatsache ab, dass man der Welt mit ihren komplexen Mechanismen ausgeliefert ist. Es wird nicht mehr die Einrichtung der Welt (an der niemand unmittelbar Schuld hat) als feindlich und widersprüchlich, sondern eine »böswillige«, außerhalb der Gesellschaft stehende Gruppe als der Feind ausgemacht – mit dessen Vernichtung das Böse aus der Welt verschwände […].

Das Begriffspaar Marionetten und Strippenzieher hat eine lange Tradition und gehört zum Standardrepertoire des Antisemitismus. […] Wenn von Strippenziehern und ihren Marionetten die Rede ist, müssen Juden nicht explizit genannt werden, damit Menschen, die antisemitisch denken, wissen, wer gemeint ist.

Lügenpresse

Die Rede von der »Lügenpresse« ist eine Verschwörungserzählung über angeblich gleich-geschaltete oder sich-gleichschaltende Medien, die sich zum Zwecke der Durchsetzung bestimmter Ansichten und politischer Maßnahmen verbünden würden. Sie würden nur berichten, was im Interesse »der Herrschenden« sei.

Q, QAnon

Um Q ranken sich allerlei Verschwörungserzählungen, die anschlussfähig für offenen Antisemitismus sind. Q bezeichnet eine vermeintliche geheime Quelle in hohen US-amerikanischen Regierungskreisen. Unter dem Label QAnon sammeln sich die Anhänger:innen von Q. Ein oder mehrere Internetuser posten als Q in sogenannten QDrops angeblich geheime Hinweise und Informationen in Internetforen. […]

Die Verschwörungserzählungen rund um QAnon tragen stark apokalyptische Züge, es wird ein bevorstehender Endkampf zwischen Gut und Böse imaginiert. Die Rolle der »Bösen« wird dabei jener kleinen Gruppe des »Establishments« zugeschrieben, die häufig als jüdisch markiert wird. […]

Codes, die Anhänger von QAnon häufig verwenden sind insbesondere die Abkürzung WWG1WGA und Pizzagate. WWG1WGA steht für »Where we go one, we go all« und kann als sektenhaftes Erkennungszeichen und Bekenntnisformel des Aufeinandereinschwörens unter Anhänger:innen von Q verstanden werden. Pizzagate ist im Grunde ein »Vorläufer« von Q und bezeichnet den Glauben an die Verschwörungserzählung, Hillary Clinton und ihr Wahlkampfteam hätten im Keller einer Pizzeria in Washington, D.C. Kinder gefangen gehalten und einen Kinderpornoring betrieben. Im Dezember 2016 gab ein bewaffneter Mann zwei Schüsse auf die Pizzeria ab und wollte die Kinder befreien. Das Restaurant hat allerdings gar keinen Keller, auch wurden keine gefangenen Kinder entdeckt. Die Vorstellung, dass insbesondere Kinder bedroht seien, findet sich auch in antisemitischen Bildern und Propaganda gegen Israel (»Kindermörder Israel«) und spielt gekonnt mit der Sorge um besonders Wehrlose bzw. Schutzbefohlene […].

RIAS Bayern, »Das muss man auch mal ganz klar benennen dürfen«. Verschwörungsdenken und Antisemitismus im Kontext von Corona, München ^{2}2021, 19–40.

6.2 Antisemitismus im Pop und Rap

6.2.1 Söhne Mannheims: »Marionetten«

Wie lange wollt ihr noch Marionetten sein?
Seht ihr nicht? Ihr seid nur *Steigbügelhalter*
Merkt ihr nicht? Ihr steht bald ganz allein
Für eure Puppenspieler seid ihr nur Sachverwalter
Wie lange wollt ihr noch Marionetten sein?
Seht ihr nicht? Ihr seid nur Steigbügelhalter
Merkt ihr nicht? Ihr steht bald ganz allein
Für eure Puppenspieler seid ihr nur Sachverwalter

Und weil ihr die Tatsachen schon wieder verdreht, werden wir einschreiten
Und weil ihr euch an Unschuldigen vergeht, werden wir unsere Schutzschirme ausbreiten
Und weil ihr die Tatsachen schon wieder verdreht, müssen wir einschreiten
Und weil ihr euch an Unschuldigen vergeht, müssen wir unsere Schutzschilde ausbreiten

Aufgereiht zum Scheitern wie Perlen an einer Perlenkette
Seid ihr nicht eine *Matroschka* weiter im Kampf um eure Ehrenrettung
Ihr seid blind für Nylonfäden an euren Gliedern und hasst
Und hätt' man euch im Bundestags-WC, twittert ihr eure Gliedmaßen
Alles nur peinlich und sowas nennt sich dann Volksvertreter
Teile eures Volkes nennen euch schon Hoch- beziehungsweise Volksverräter
Alles wird vergeben, wenn ihr einsichtig seid
Sonst sorgt der wütende Bauer mit der Forke dafür, dass ihr einsichtig seid
Mit dem Zweiten sieht man besser
Wir steigen euch aufs Dach und verändern Radiowellen
Wenn ihr die Tür'n nicht aufmacht, öffnet sich plötzlich ein Warnhinweisfenster
Vom Stadium zum Zentrum einer Wahrheitsbewegung
Der Name des *Zetters* erstrahlt die Neonreklame im Regen
Zusamm'n mit den Söhnen werde ich Farbe bekennen
Eure Parlamente erinnern mich stark an Puppentheaterkästen
Ihr wandelt an den Fäden wie Marionetten
Bis sie euch mit scharfer Schere von der Nabelschnur *Babylons* trennen!

Ihr seid so langsam und träge, es ist entsetzlich
Denkt, ihr wisst alles besser und besser geht's nicht, schätz' ich
Doch wir denken für euch mit und leben euch als Menschen
Als Volks-in-die-Fresse-Treter stoßt ihr an eure Grenzen
Und etwas namens Pizzagate steht auch noch auf der Rechnung
Und bei näherer Betrachtung steigert sich doch das Entsetzen
Wenn ich so ein'n in die Finger krieg, dann reiß' ich ihn in Fetzen
Und da hilft auch kein Verstecken hinter Paragraphen und Gesetzen

Song bei YouTube

Söhne Mannheims, Marionetten, MannHeim 2017 © Söhne Mannheims.

AUFGABEN

1. Beschreibt, welche Sichtweise auf Politik und Gesellschaft im Songtext zum Ausdruck kommt.
2. Gibt es Textstellen, die über eine bloße Meinungsäußerung hinausgehen und als Aufruf zu Gewalt verstanden werden können?
3. Arbeitet heraus, welche in 6.1.3 genannten Verschwörungserzählungen sich auch in diesem Song wiederfinden lassen.

Kursiv hervorgehobene Wörter vgl. GLOSSAR zu schwierigen Begriffen aus dem Lied und Auflösung zu Aufgabe 3 im Download-Material

> Viele berichten über ihr Leben, wie es früher war, wie sie es geschafft haben. Sie inspirieren Leute, bringen Dinge auf den Punkt, die in den Medien nicht gezeigt werden, über Dinge, wo die Gesellschaft schweigt, zum Beispiel über Flüchtlingspolitik haben sie auch gesungen.
>
> (männlicher Befragter, 16 Jahre)

> Er [Sido] vermittelt einen vertrauenswürdigen Eindruck. Er wirkt ehrlich. […] Mächtige Menschen meinen Infos zu haben, die sie verbreiten, die nicht stimmen. Rapper sprechen es in ihren Texten an, wichtige Themen. Sie verpacken es wahrheitsgetreuer. Die Mächtigen beschönigen es, die Rapper legen Fakten dar, dass es real ist, das ist Tatsache.
>
> (weibliche Befragte, 18 Jahre)

6.2.2 Jugendliche und Verschwörungserzählungen im Gangsta-Rap

Rap ist die derzeit größte und bedeutsamste Jugendkultur in Deutschland. In den letzten 20 Jahren hat sich der deutschsprachige Gangsta-Rap zum ökonomisch erfolgreichsten und reichweitenstärksten Rap-Genre herausgebildet […]. Heute erreichen die Vertreter*innen des Gangsta-Rap sowohl über ihre Musik als auch über ihre Social-Media-Präsenz Millionen von Jugendlichen und junge Erwachsene. Im April 2018 lösten antisemitische Textzeilen der beiden Gangsta-Rapper Kollegah und Farid Bang eine breite Mediendebatte über antisemitische Inhalte im deutschsprachigen Rap aus […]. Bereits seit über zehn Jahren zeigt sich, dass antisemitische Motive und Narrative sowohl offen als auch subtil in die meist hypermaskuline und misogyne Selbstinszenierung von bekannten, hauptsächlich männlichen Vertretern des Gangsta-Rap eingebunden sind […].

Mit Blick auf die Bedeutsamkeit von jugendkulturellen Inhalten, Ästhetiken und Handlungspraxen im Allgemeinen […] und die im Gangsta-Rap vermittelten Identitätsangebote im Speziellen, stellen sich Fragen zum Wirkungspotential von deutschsprachigem Gangsta-Rap:

– Wie nehmen Jugendliche die Inhalte des Gangsta-Rap wahr und wie beurteilen sie das Verhältnis von genrespezifischer Inszenierung und den von Gangsta-Rapper*innen erhobenen Anspruch auf Authentizität?
– Inwiefern erkennen Jugendliche antisemitische Inhalte und auf welche Weise korrespondieren die im Gangsta-Rap vermittelten antisemitischen Motive mit den Einstellungsmustern der jugendlichen Hörer*innenschaft?
– Gibt es einen Zusammenhang zwischen Gangsta-Rap-Konsum und antisemitischen Einstellungsmustern von Jugendlichen? […]

Die Ergebnisse aus dem Forschungsprojekt »Die Suszeptibilität [Suszeptibilität bezeichnet die »Empfänglichkeit« bzw. Empfindlichkeit gegenüber bestimmten Dingen] von Jugendlichen für Antisemitismus im Gangsta-Rap und Möglichkeiten der Prävention« geben (erste) Antworten auf diese Fragen. […]

Die Ergebnisse der Studie zeigen, dass es einen direkten Zusammenhang zwischen dem Konsum von Gangsta-Rap und antisemitischen Einstellungen gibt: Gangsta-Rap-Hörer*innen neigen im Durchschnitt häufiger dazu, antisemitische Einstellungen zu vertreten. […]

Trotz der messbaren Bedeutung des Bildungsgrades und des familiären Wohlstands ist der artikulierte Antisemitismus nicht nur das Problem einer isolierbaren, prekarisierten [dies ist eine andere Bezeichnung für unsicher und bezieht sich hier eher auf fehlende finanzielle Sicherheit] Gruppe unter den Jugendlichen. Die Wahrscheinlichkeit für antisemitische Haltungen bleibt in allen gesellschaftlichen Gruppen hoch. Zwar konnten Anspielungen auf antisemitische und/oder israelfeindliche Verschwörungserzählungen in den präsentierten Musikvideos und Liedern selten dechiffriert werden, allerdings wird gesellschaftskritischen Aussagen von Gangsta-Rapper*innen ein hohes Maß an Authentizität und Plausibilität zugeschrieben.

Marc Grimm/Jakob Baier/Baris Ertugrul/Vanessa Walter, Die Suszeptibilität von Jugendlichen für Antisemitismus im Gangsta Rap und Möglichkeiten der Prävention. Studie des Zentrums für Prävention und Intervention im Kindes- und Jugendalter (ZPI) der Universität Bielefeld, URL: https://www.uni-bielefeld.de/fakultaeten/erziehungswissenschaft/zpi/projekte/antisemitismus-gangsta-rap/.

AUFGABEN

1. Diskutiert, ob ihr auch Gangsta-Rap hört und dabei auf irritierende Textzeilen gestoßen seid.
2. Zeigt – auch mithilfe der beiden Zitate – auf, inwiefern »Aussagen von Gangsta-Rapper*innen ein hohes Maß an Authentizität und Plausibilität zugeschrieben« wird. Warum kann das problematisch sein?
3. Nehmt Stellung zu der These aus der Studie, dass es einen direkten Zusammenhang zwischen Gangsta-Rap-Konsum und antisemitischen Einstellungen gibt.

6.3 Gefährlicher Verschwörungsglaube

6.3.1 Predigt von Jakob Tscharntke

Jakob Tscharntke ist Pastor der evangelischen Freikirche Riedlingen. Eine Predigt im Mai 2020 trägt den Titel »Wie gehen wir als Christen mit dem »Corona-Wahnsinn um?«. Darin heißt es u. a.:

»Ich hätte derart satanisch bösartige Eingriffe in das Leben christlicher Gemeinden und unseres ganzen Volkes, auch in unsere persönlichsten familiären Angelegenheiten und Freiheiten vor dem Offenbarwerden des Antichristen nicht erwartet. […] Was in den letzten Wochen und Monaten von den Herrschenden über unser Land gebracht wurde, spottet jeder Beschreibung und jeder Vorstellungskraft. Eine totalitäre Herrschaft über den Menschen wurde errichtet, quasi über Nacht.«

Jakob Tscharntke, Wie gehen wir als Christen mit dem Coronawahnsinn um?, Evangelische Freikirche Riedlingen e. V., Predigtdateie 10.05.2020, URL: https://www.efk-riedlingen.de/predigtarchiv/predigtdateien-2020/index.php.

6.3.2 Gefährlicher Verschwörungsglaube

In diesem Stil geht es weiter, über eine Stunde lang: Eine saubere Trennung zwischen uns und »den Herrschenden«. Diese hätten einen dritten Weltkrieg begonnen. »Ein dritter Weltkrieg, der die totale Unterjochung der Menschheit unter die totale Überwachung und Herrschaft einer Elite anstrebt, die wir nicht einmal kennen.« Das ist die klassische Sprache des Verschwörungsglaubens: die und wir, geheime Mächte, verborgene Interessen – im Netz findet man das in allen Farben und Schattierungen, von der Kanzel hört man es nicht so oft. Es gab Kritik an der Predigt, sogar aus frommen evangelikalen Kreisen. Jakob Tscharntke entgegnet darauf auf seiner Website: »Wer heute kein ›Verschwörungstheoretiker‹ ist, hat in der Regel das eigene Denken eingestellt.« […]

»Derzeit ist eine Blütezeit für Verschwörungsmythen aus dem einfachen Grund, weil eine Krise da ist«, sagt der Religionswissenschaftler Michael Blume. »Wenn einschneidende Erlebnisse da sind, dann müssen die gedeutet werden. Wir müssen die irgendwie in unser Weltbild reinkriegen. Die meisten Menschen versuchen es mit Vernunft oder Gottvertrauen, Wissenschaft. Aber wer vorher schon an Verschwörungen geglaubt hat, der kippt jetzt natürlich ins andere Extrem, deswegen haben wir da derzeit ein massives Anwachsen von Verschwörungsmythen.«

Natürlich gibt es Verschwörungsmythen nicht erst, seit Menschen und Regierungen weltweit darum ringen, angemessene Antworten auf die Bedrohung durch den Coronavirus zu finden. Aber Corona hat dieser Art des Nachdenkens über die Welt einen neuen Popularitätsschub gegeben.

Für manche ist das nur ein Spaß, nur Popkultur. Haha, Leute mit Aluhüten – gegen die Strahlung –, die an eine hohle Erde glauben und daran, dass hinterm Mond Hitlers Reichsflugscheibe parkt.
Aber die Sache kann auch ernst werden […].

»An allem sind die Juden schuld!
Die Juden sind an allem schuld!
Wieso, warum sind sie dran schuld?
Kind, das verstehst du nicht, sie sind dran schuld.«

Der jüdische Komponist Friedrich Hollaender schrieb dieses Revuelied 1931 als eine bittere Summe von über 1000 Jahren jüdischer Geschichte in Europa.

Egal, wie komplex ein Problem ist: Verschwörungsmythen benennen Schuldige. In der Vergangenheit waren das am Ende oft: die Juden.

»Verschwörungsglauben ist vieles, aber nicht kreativ«, sagt Michael Blume. »Die Leute greifen immer wieder auf die gleichen Mythen zurück, die teilweise Jahrhunderte oder sogar Jahrtausende alt sind.«

Kirsten Dietrich, Gefährlicher Verschwörungsglaube Sinnsuche zwischen Gut und Böse, Deutschlandfunk Kultur 07.06.2020, URL: https://www.deutschlandfunkkultur.de/gefaehrlicher-verschwoerungsglaube-sinnsuche-zwischen-gut-100.html.

AUFGABEN

1. Wie äußert sich Jakob Tscharntke zur Regierung und ihrer Pandemiepolitik und welche Behauptungen sowie welchen theologischen Vergleich stellt er auf? Wie bewertet ihr das?
2. Wie würde es auf euch wirken, so etwas in einer Predigt eines Sonntagsgottesdienstes zu hören?
3. Wie ist dieser Verschwörungsglaube dem Beitrag von Kirsten Dietrich zufolge einzustufen? Handelt es sich um ein neues Phänomen? Ist dieser Verschwörungsglaube seit der Pandemie stärker präsent?

6.4 Das tägliche Känguru: Kuh Anon

Das tägliche Känguru: Kuh Anon, Folge 359, Der Känguru-Comic vom 19. Februar 2022
© Marc-Uwe Kling und Bernd Kissel.

AUFGABEN

1. Schaut euch den Comic an und überlegt, ob ihr die Erfahrung, wie schwierig es ist, gegen Verschwörungserzählungen zu argumentieren, auch gemacht habt.
2. Wie sollte ein sinnvoller Umgang mit Verschwörungsgläubigen aussehen? Schaut euch dazu auch die Internetseiten der Beratungsstelle »veritas« und des Bayerischen Rundfunks (QR-Codes) an.

7.1 »Als die Gottheit den Menschen erschuf, erschuf sie ihn nach Gottes Bild«

Warum, so fragen die Rabbinen auf Gen 1 und 2 bezogen, stammen alle Menschen von einem ab? Die Antwort ist ebenso elementar wie bleibend aktuell: »Damit keiner sagen kann: ›Mein Vater war größer als dein Vater.‹« In Gen 1 selbst verbindet sich dieser antihierarchische und – neuzeitlich gesagt – demokratische Grundzug mit der Rede von der Erschaffung des Menschen als Bild Gottes. […]

Dass ein Mensch »Bild Gottes« sei, die Gottheit repräsentiere, in ihrem Auftrag herrsche – ist eine auch in anderen Traditionen des Altertums bekannte Aussage. Aber dass der Mensch »Bild Gottes« sei, die Gottheit repräsentiere, in ihrem Auftrag herrsche – das ist die besondere Aussage in Gen 1. […] In der Bibel ist aber nicht der König Gottes Bild, sondern der Mensch und den Menschen gibt es männlich und weiblich. Kein anderer Unterschied zwischen Menschen ist in der Schöpfung grundgelegt als dieser »kleine Unterschied« (der dann freilich so klein wieder nicht ist). Was das bedeutet, wird erkennbar, wenn man an all die anderen Unterschiede zwischen Menschen denkt, die als »natürlich« und »schöpfungsgemäß« ausgegeben wurden: Rangunterschiede zwischen (angeblichen) Rassen und zwischen Klassen und Kasten, zwischen Priestern und Laien, den Angehörigen des eigenen Volkes und den anderen. Die uns aus der Bibel so vertraute universale Aussage, Gott habe den Menschen erschaffen, zeigt sich im Vergleich zu anderen Schöpfungsmythen als eine ganz besondere Aussage. Gott hat den ersten Menschen erschaffen, nicht den ersten König, den ersten Israeliten, den ersten Priester, den ersten Weißen, den ersten Mann. Diese prinzipielle Aussage über den Menschen in der Bibel streitet gegen jede Form einer Apartheidstheologie, gegen jede Klassifizierung von Menschen in wertvollere und weniger wertvolle, worin auch immer ein solcher angeblicher Wertunterschied bestehen möge.

[…] Dies ist das Buch der Menschheitsgeschichte: Als die Gottheit den Menschen erschuf, erschuf sie ihn nach Gottes Bild. Eben diesen Satz erklärt der rabbinische Lehrer Ben Asai zum Hauptgebot, zu einem größeren noch als das Gebot der Nächstenliebe. Welches Gebot steckt in diesem Satz und warum ist er überhaupt als ein Gebot anzusehen, wo er doch gar keinen ausdrücklichen Befehl enthält? Weil in ihm steht, dass sich in jedem Menschen, in einer und einem jeden, die und der Menschenantlitz trägt, Gottes Bild zeigt. In gegenwärtiger Sprache ausgedrückt liegt hier die fundamentale Begründung unteilbarer Menschenwürde. Während die Nächstenliebe, will sie Praxis sein und kein bloßes Gefühl bleiben, im konkreten Fall noch zwischen Näheren und Ferneren unterscheiden wird, ist die Gottesbildlichkeit einer und eines jeden unteilbar, unverlierbar und – wie es im Grundgesetz über die Menschenwürde heißt – unantastbar.

Nun kennt auch die Bibel Menschen verschiedener Völker, Kulturen, Sprachen und Religionen und berichtet auch von Feindschaften zwischen Gruppen und Völkern, von Grundkonflikten und ihren Folgen. Aber all diese – zuweilen schmerzlichen, zuweilen aber auch heilsamen – Trennungen haben ihren Ort in der Geschichte und nicht in der Schöpfung. Es gibt keinen Schöpfungsauftrag für verschiedene Völker. Auch die Erwählung Israels und dessen bleibende besondere Aufgabe in der Welt hat ihren biblisch-theologischen Ort in der Erwählungs- und nicht in der Schöpfungsgeschichte. Es ist die besondere und im Religions- und Kulturvergleich ganz ungewöhnliche Perspektive Israels, in der Erzählung von der Erschaffung des Menschen von seiner besonderen Perspektive abzusehen und von der universalen Menschenschöpfung zu erzählen.

Jürgen Ebach, Schöpfung und Schöpfungsverantwortung in der hebräischen Bibel, Referat beim Lippischen Religionslehrer/innen-Tag 17.11.2010 in Detmold, URL: https://www.lippische-landeskirche.de/daten/File/Schoepfungsglaube%20und%20Schoepfungsverantwortung.pdf.

AUFGABEN

1. Lies den Text von Jürgen Ebach und begründe, warum jegliche Form von Rassismus und Diskriminierung dem jüdisch-christlichen Glauben widerspricht.
2. In der Überschrift steht »Gottheit« und »sie erschuf«. Inwieweit passt diese Bibelübersetzung von Gen. 1,27 in den inhaltlichen Zusammenhang?

7.2 Ein Leib ist bunt und nicht schwarz-weiß

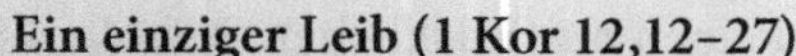

Ein einziger Leib (1 Kor 12,12–27)

12 Es ist wie beim menschlichen Körper: Er bildet eine Einheit und besteht doch aus vielen Körper-
teilen. Aber obwohl es viele Teile sind, ist es doch ein einziger Leib. So ist es auch mit Christus.
13 Denn als wir getauft wurden, sind wir durch den einen Geist alle Teil eines einzigen Leibes geworden – egal ob wir Juden oder Griechen, Sklaven oder freie Menschen waren. Und wir sind
alle von dem einen Heiligen Geist erfüllt worden. 14 Der menschliche Körper besteht ja nicht aus
einem einzigen Teil, sondern aus vielen. 15 Selbst wenn der Fuß sagt: »Ich bin keine Hand, ich gehöre nicht zum Körper.« Gehört er nicht trotzdem zum Körper? 16 Und wenn das Ohr sagt: »Ich
bin kein Auge, ich gehöre nicht zum Körper.« Gehört es nicht trotzdem zum Körper? 17 Wenn der
ganze Körper ein Auge wäre, wo bliebe dann das Gehör? Wenn er ganz Gehör wäre, wo bliebe der
Geruchssinn? 18 Nun hat Gott aber jedem einzelnen Körperteil seinen Platz am Körper zugewiesen, so wie er es wollte. 19 Wenn aber das Ganze nur ein Körperteil wäre, wie käme dann der Leib
zustande? 20 Nun sind es zwar viele Teile, aber sie bilden einen Leib. 21 Deshalb kann das Auge nicht
zur Hand sagen: »Ich brauche dich nicht.« Oder der Kopf zu den Füßen: »Ich brauche euch nicht.«
22 Vielmehr sind gerade die Teile des Körpers, die schwächer zu sein scheinen, umso notwendiger.
23 Die Teile des Körpers, die wir für weniger ansehnlich halten, kleiden wir mit besonderer Sorgfalt.
Und wenn wir uns wegen bestimmter Körperteile schämen, achten wir darauf, dass sie anständig
bedeckt sind. 24 Unsere anständigen Körperteile haben das nicht nötig. Doch Gott hat den Leib zu-
sammengefügt. Er hat dafür gesorgt, dass die unscheinbaren Körperteile besonders geehrt werden. 25 Denn im Leib darf es keine Uneinigkeit geben, sondern alle Teile sollen füreinander sorgen.
26 Wenn ein Teil leidet, leiden alle anderen Teile mit. Und wenn ein Teil geehrt wird, freuen sich alle
anderen Teile mit. 27 Ihr seid nun der Leib von Christus! Jeder Einzelne von euch ist ein Teil davon.

Deutsche Bibelgesellschaft, BasisBibel, Stuttgart 2021; Bild: © OpenClipart/Free SVG

AUFGABEN

1. Lest die Perikope 1. Kor 12,12–27 und arbeitet die biblische Vorstellung eines einzigen Leibes heraus.
2. »Ein Leib ist bunt und nicht schwarz-weiß.« Was hat diese Aussage mit Vielfalt und Toleranz zu tun?
3. Ein Leben in Vielfalt und Toleranz ist in der heutigen Gesellschaft nicht mehr wegzudenken und doch gibt es immer wieder Situationen und menschenfeindliche Mechanismen, die ein solches Zusammenleben stören. Was kannst du oder auch ihr als Klasse machen, damit ein Leben in Vielfalt und Toleranz gelingt?

7.3 Schulen ohne Rassismus

Wie wollen wir leben? In einer Welt, in der die Menschenrechte für alle gelten – oder in einer, in der es immer auch darauf ankommt, wo man herkommt, wie man aussieht und was man so hat oder nicht hat?

An bundesweit rund 3.800 Schulen haben die Schüler*innen und Pädagog*innen sich entschieden: Sie wollen eintreten für eine Welt, in der die Gleichwertigkeit aller Menschen gelebt wird. Über zwei Millionen Schüler*innen besuchen mittlerweile eine Schule, deren Mitglieder sich dazu verpflichtet haben, sich nachhaltig für die Gleichwertigkeit aller Menschen und gegen jede Form von Diskriminierung einzusetzen. Es sind die Kinder und Jugendlichen, die an den Courage-Schulen entscheiden, mit welchen Themen sie sich beschäftigen möchten. Mit Unterstützung ihrer Pädagog*innen bestimmen sie also selbst, was die Agenda ihres Engagements ist. *Schule ohne Rassismus – Schule mit Courage* zielt auf eine diskriminierungssensible Schulkultur und Dauerhaftigkeit im Engagement. Die Courage-Schulen werden bei ihren Aktivitäten nicht alleine gelassen. Ihnen stehen die Landes- und Regionalkoordinator*innen, die Angebote der Kooperationspartner, die Bundeskoordination und natürlich ihre Pat*innen unterstützend zur Seite.Kinder und Jugendliche sind im Netzwerk Schule ohne Rassismus – Schule mit Courage aktiv, weil es sie stört, wenn Menschen wegen ihrer Hautfarbe, ihrer Herkunft oder aufgrund ihrer Religion beschimpft, gemobbt oder gar körperlich bedroht werden.

Schule ohne Rassismus – Schule mit Courage ist ein Projekt für alle Schulmitglieder. Es bietet Schüler*innen und Pädagog*innen die Möglichkeit, das Klima an ihrer Schule aktiv mitzugestalten. Und zwar, indem sie sich bewusst gegen jede Form von Diskriminierung, Mobbing und Gewalt wenden. […]

Bisweilen geht im Alltag verloren, an welch großem Rad ihr mit euren Aktivitäten dreht und es würde jeden Rahmen sprengen, all die Aktionen zu würdigen. Sie reichen von Konzerten gegen Rassismus und gemeinsamen Demonstrationen in der Stadt über Diskussionsrunden mit Politiker*innen bis hin zu Gedenkveranstaltungen, Projekttagen und Ausstellungen. Genauso finden Theatervorstellungen, Workshops, Vernetzungstreffen und Kunstaktionen statt. An fast jedem Tag im Jahr finden bundesweit mehrere Aktionen für ein diskriminierungssensibles Miteinander an den Courage-Schulen statt.

Schule ohne Rassismus – Schule mit Courage, Netzwerk, URL: https://www.schule-ohne-rassismus.org/.

Bundeskoordination *Schule ohne Rassismus – Schule mit Courage*

AUFGABEN

Diskutiert, ob es auch für eure Schule sinnvoll wäre, sich dem Netzwerk »Schule ohne Rassismus – Schule mit Courage« anzuschließen. Falls ihr dem zustimmt, informiert euch über die Internetseite (QR-Code), welche Schritte dazu notwendig sind und nehmt Kontakt mit eurer Schüler*innenvertretung (SV) auf.

Oder:
Falls sich eure Schule schon dem Netzwerk »Schule ohne Rassismus – Schule mit Courage« angeschlossen hat, informiert euch über Aktivitäten, die an eurer Schule dazu stattfinden, oder überlegt eigene Aktionen, die ihr an eurer Schule in diesem Zusammenhang beitragen könntet.

7.4 »Hope Speech« statt »Hate Speech«

»Der Teufel steckt auch im Netz!« Mit dieser Aussage hatte das Projekt »Netzteufel« der Evangelischen Akademie Berlin Wellen geschlagen. Das Projekt wurde von 2017 bis 2019 unter anderem von Mitteln von »Demokratie Leben!« gefördert und hatte sich einer besonderen Aufgabe angenommen: Christlich motivierte Hassrede im Netz analysieren und Handlungsmöglichkeiten entwickeln, um mehr Liebe als Hass zu verbreiten. […]

Das »No Hate Speech Movement« gibt für das Phänomen folgende Definition: »Als Hassrede bezeichnen wir sprachliche Handlungen gegen Einzelpersonen und/oder Gruppen mit dem Ziel der Abwertung oder Bedrohung aufgrund ihrer Zugehörigkeit zu einer benachteiligten Gruppe in der Gesellschaft. […]« Es geht dabei auch um einen weiteren geflügelten Begriff: Gruppenbezogene Menschenfeindlichkeit (kurz: GMF). Spezifischer: Gruppenbezogene Menschenfeindlichkeit, die durch sprachliche Handlungen ausgedrückt wird. […]

Das Verbreiten von Hass ist das Ausdrücken einer bestimmten Haltung. Damit wird die eigene Position aufgewertet und die andere abgewertet, ohne dass dafür tatsächliche Argumente zum Zug kommen müssen. Es ist eine Form von Macht- und Gewaltausübung.

Auch Christ:innen können sich dafür entscheiden, Macht sprachlich gegen andere Menschen zu verwenden. Die vermeintlich christliche Argumentation ist dabei ein Instrument, welches ausdrückt »Ich bin im Recht« und »Gott legitimiert meine Aussage«. Das ist gefährlich. Aus Sprachhandlungen kann sehr schnell körperliche Gewalt werden und sie tragen zur Verstärkung von Ungerechtigkeiten bei. Denn sie begünstigen Bedrohungs- und Angstbilder und Umkehrungen von Opfer- und Täterverhältnissen. Typische Narrative, die zur Hassrede im Namen christlichen Glaubens zählen, sind beispielsweise »Der Islam bedroht uns«, »Wir leben in einer Meinungsdiktatur«, »Homosexualität bedroht Gottes Ordnung« oder »Flüchtlinge sind eine Gefahr für Volk und Glauben.« Das hatte das Projekt »Netzteufel« herausgefunden. […]

Die Menschen bei »Netzteufel« hatten sich den Begriff »Hope Speech« ausgesucht, um Handlungen zu beschreiben, die sich gegen Hassrede einsetzen. Hope Speech bedeutet Hoffnungsrede im Deutschen. Um Hoffnungsrede umzusetzen, ist wichtig zu wissen: Man kann immer entscheiden, wann man die emotionale Kapazität hat, um eine Diskussion zu führen. Debatten führen im Internet selten dazu, dass sich die Konfliktparteien annähern und Meinungen geändert werden. Trotzdem ist es wichtig in die Diskussion zu gehen, wenn die Möglichkeit besteht. Denn das ist vor allem für die Menschen wichtig, die Kommentare nur lesen und ihre Meinung nicht schreiben. Ohne Hoffnungsrede können Hasskommentare subjektiv laut und vorherrschend wirken, selbst wenn die Kommentierenden nur einen Bruchteil der Lesenden repräsentieren. […].

Leonie Mihm, Mit Hoffnungsrede gegen Hate Speech vorgehen, evangelisch.de 18.05.2022, URL: https://www.evangelisch.de/inhalte/200930/18-05-2022/mit-hoffnungsrede-gegen-hate-speech-vorgehen/.

14. Mai 2017 Gefällt 50 Mal 105 Kommentare 24 Mal geteilt
"Zwei Menschen, die sich lieben und vor Gott einen Bund beschließen wollen, kann ich mich als Christin nicht entgegenstellen. Ich finde bei der Trauung homosexueller Paare sollten die Kirchen dazulernen."
Prof. Christina Aus der Au, Präsidentin des Kirchentages
Auf dem Deutschen Evangelischen #Kirchentag vom 24. bis 28. Mai in #Berlin werden erstmals auch gleichgeschlechtliche Paare getraut.
Wie die Kirchentagspräsidentin Christina Aus der Au dazu steht, lesen Sie ausführlich hier.

TIPP:
Auf der Projektseite kann der »Hope Speech«-Workshop heruntergeladen und ohne Internet und technische Hilfsmittel durchgeführt werden. Alle Materialien stehen unter freien Lizenzen.

AUFGABEN

1. Beschreibe das Projekt »Netzteufel«. Was ist das Problem von (christlich motivierter) Hassrede im Internet und warum ist »Hoffnungsrede« wichtig?
2. Überlege einen Kommentar für den Post oben.
3. Ein Social-Media-Nutzer antwortet auf den Post mit diesem Kommentar: »Ich liebe meine Katzen auch sehr, bin aber noch nie auf die Idee gekommen sie zu heiraten …« Nehmt Stellung zu dieser Antwort und reagiert mit einem Meme, das ihr auf der Projektseite (QR-Code) erstellen könnt.

7.5 Gegen Stammtischparolen agieren

Fremdenfeindliche Äußerungen nicht einfach hinnehmen, sondern sich gegen sie wehren – aber wie? Dies erklärt Klaus-Peter Hufer von der Universität Duisburg-Essen (H) gegenüber fluter-Journalistin Tanja Mokosch (F):

F: Sie geben Tipps, wie man mit Stammtischparolen umgehen kann. Was sind denn überhaupt solche Parolen?

H: Stammtischparolen sind selbstgerechte, selbstherrliche, oft rassistische oder fremdenfeindliche Sprüche, die überall im Alltag vorkommen. Meistens kommen sie plötzlich und unerwartet und werden fast diktatorisch vorgetragen, also nicht mit der Absicht, sich auf eine Diskussion einzulassen.

F: Haben Sie ein Beispiel?

H: Über Jahre hinweg war der gängigste Spruch: »Die Ausländer nehmen uns die Arbeitsplätze weg.« [...] Im Allgemeinen geht es immer um Gruppen, gegen die da gehetzt wird. Das sind »die Ausländer«, »die Muslime«, »die Obdachlosen«, »die Homosexuellen«, »die Juden«, aber auch »die Politikerinnen und Politiker«. Und diesen Gruppen wird unterstellt, es ginge eine Bedrohung von ihnen aus. [...]

F: Man kann solche Sprüche ja auch in der Familie hören. Wie geht man am besten damit um [...]?

H: [...] Am besten fragt man einfach konsequent nach: Woher weißt du das denn? Hast du so was schon erlebt? Betrifft das wirklich alle Ausländer? Was ist denn mit dem türkischen Gemüsehändler, zu dem du immer gehst? Man muss diese allgemeine Gültigkeit, die diese Aussagen vorgaukeln, auflösen und konkret werden. [...]

F: Wie verhalte ich mich denn Fremden gegenüber, die Stammtischparolen von sich geben?

H: Da gibt es ein tolles Beispiel [...] In der Straßenbahn saß ein in Deutschland sehr renommierter Professor, der zum Thema Rechtsextremismus forscht. In der Straßenbahn saßen auch zwei ältere Frauen und noch weitere Menschen. Der Professor wurde Zeuge eines Gesprächs, in dem die beiden sehr lautstark und provokativ fremdenfeindliche Sprüche von sich gaben. Alle saßen da und schwiegen, und er saß da auch und sagte im Nachhinein: »Mir ist dazu nichts eingefallen.« [...] Beim Aussteigen ist er dann zu den beiden hin und hat gesagt: »Herzlichen Glückwunsch, Sie haben einen Preis gewonnen.« »Was für einen Preis?«, haben die Frauen gefragt. »Den Preis dafür, dass man zwischen zwei Haltestellen so viel Blödsinn erzählen kann.« [...] Die Menschen in der Bahn fingen an zu klatschen. [...]

F: Die beiden Damen in der Straßenbahn wurden durch den Auftritt aber sicher nicht von ihrer Meinung abgebracht. Wäre das nicht das eigentliche Ziel?

H: Das erste Ziel ist es, für einen selbst was zu tun. Es ist ein dämliches Gefühl, sich so etwas anzuhören und nichts dagegen zu unternehmen. Das zweite Ziel ist, dass man sagt: Nein, stopp, dies ist eine demokratische Gesellschaft, und die verteidige ich. Der dritte Punkt ist, diejenigen zu motivieren, die noch zugegen sind. Außerdem gibt es von der verbalen zur physischen Aggressivität einen fließenden Übergang. Der muss gestoppt werden – das wäre Punkt vier. Erst der letzte Punkt ist es, diejenigen, die sich so äußern, von einer anderen Sicht der Dinge zu überzeugen.

F: Gibt es Situationen, in denen es auch besser ist, nichts zu sagen?

H: Ganz klar: wenn es gefährlich wird. Wären diese beiden alten Damen vier bedrohlich aussehende junge Männer gewesen, wäre es definitiv besser, die Klappe zu halten.

Tanja Mokosch, Wie du am besten auf Stammtischparolen reagierst, 11.04.2017, URL: https://www.fluter.de/gegen-stammtischparolen-argumentieren/.

AUFGABEN

1. Fasse die Tipps zum Umgang mit Stammtischparolen in kurzen Statements zusammen.
2. Wendet die Strategien an: Auf der Internetseite KonterBUNT (QR-Code) könnt ihr üben, auf Stammtischparolen zu reagieren.

7.6 Podcast on – Rassismus ist keine Lösung

Wie viele Formen von Gruppenbezogener Menschenfeindlichkeit (GMF) zieht sich auch Rassismus durch viele gesellschaftliche Schichten; wenn auch nicht immer offensichtlich. Viele Menschen müssen sich rassistischen Anfeindungen tagtäglich stellen. Es wird daher Zeit, genau jenen teils verborgenen Storys einen Raum zu geben, um die Gesellschaft aufzurütteln! Eure Idee ist ein eigener Podcast mit dem Titel: »Podcast on – Rassismus ist keine Lösung!«

AUFGABE

Gestaltet eine eigene Podcast-Folge in Gruppenarbeit und stellt diese im Anschluss euren Mitschüler*innen vor.

Material

- Tablet/Handy zum Aufnehmen
- Infomaterial zu den Themen im Downloadbereich
- Ggf. Zeitungsartikel, Kurzfilme etc.

Vorbereitung

a) Informiert euch über eine aktuelle Debatte rund um Rassismus wie Werbung (z. B. Volkswagen-Werbespot), Kulturelle Aneignung (z. B. Dreadlocks), Fußball (z. B. Schwarze Adler), Gesetze (z. B. der Begriff »Rasse« im GG Art. 3 Abs. 3) oder einem eigenen Thema, das euch interessiert. Nutzt dazu das Material im Downloadbereich oder recherchiert eigenständig zu eurem Thema.
b) Welche Personen/Gruppen kommen in eurer beschriebenen Konfliktsituation vor und welche Perspektiven vertreten diese?
c) Verteilt die Rollen für den Podcast: Podcast-Moderator*in, Gast 1, Gast 2 etc.

Achtet bei der Rollenverteilung darauf, dass die Täter*innenperspektive keinen Raum erhält.

d) Gebt eurer Podcast-Folge einen Titel.
e) Nehmt eine ca. 5-minütige Sprachnachricht mit eurem Tablet oder Handy auf, in der ihr eure Konfliktsituation zum Thema Rassismus darstellt.

TIPP:
- Gestaltet die Podcast-Folge als Gespräch.
- Der*die Moderator*in begrüßt und stellt den Gast/die Gäste vor. Er*sie erklärt auch, warum die Person/Personen eingeladen wurden.
- Der*die Moderator*in wendet sich wiederholt fragend dem Gast/den Gästen zu.
- Gast 1/Gast 2 etc. nehmen dazu kritisch zum Thema Stellung.

Vorstellung und Reflexion

f) Spielt eure Podcast-Folge euren Mitschüler*innen vor.
g) Reflektiert die dargestellte Konfliktsituation. War die Situation bekannt? Welche Positionen wurden hier vertreten? Was hat euch an der Situation überrascht oder schockiert?

Achtet bei der anschließenden Reflexion darauf, dass es zu einer Re-Traumatisierung eines*einer Mitschüler*in kommen kann, der*die selbst von dem Thema betroffen sein könnte. Ein sensibler Umgang ist daher notwendig!